W0073081

Ronny Kokert

Der Weg der Freiheit

Ronny Kokert

DER WEG
DER FREIHEIT

WIE ICH VON GEFLÜCHTETEN
LERNTE, ANZUKOMMEN

Kämpfen zu können bedeutet,
nicht mehr kämpfen zu müssen.

Dank an

Stefanie Jaksch
Marie-Theres Euler-Rolle
Markus Gull
Lukas Beck

INHALT

HERZLICH WILLKOMMEN

„Welcome, Mister Ronny", sagt der junge Mann und bittet mich höflich hinein.

Wie nett. Seine sanfte Stimme klingt sehr einladend. Ich freue mich. Immerhin ist es draußen bitterkalt. Es regnet und schneit gleichzeitig und ich bin froh, endlich im Warmen zu sein. Außerdem habe ich schon lange darauf gehofft, die Familie von Ismail kennenzulernen. Ich trainiere Ismail seit einigen Jahren im Kampfsport und seine Eltern haben mich eingeladen, weil sie sich bedanken möchten und mir dabei auch ihre anderen Kinder vorstellen wollen. Vielleicht könnten sie ja auch einmal zu mir ins Training kommen?

Als ich eintrete, stehen alle auf. Der Vater, die Mutter und die fünf Kinder, wie Orgelpfeifen der Größe nach aufgereiht. Der Kleinste ist gerade einmal drei Jahre alt. Der Größte ist siebzehn und heißt Omar. Dazwischen stehen die beiden anderen Söhne und die Tochter Parissa, die ihr Gesicht schüchtern hinter einem Tuch versteckt. Alles wirkt sehr aufgeräumt und die Familie hat sich fein herausgeputzt. Mir ist es fast ein wenig unangenehm, dass ich so heruntergekommen aussehe. Zum Glück habe ich wenigstens die dreckigen Schuhe schon draußen ausgezogen. Der Vater, ein drahtiger Mann um die vierzig, tritt vor und begrüßt mich mit festem Händedruck und einer gleichzeitigen Umarmung. Er sagt nichts, aber ich spüre jetzt schon, wie viel ihm mein Besuch bedeutet. Die Mutter sieht sehr gütig aus, trägt ein buntes Kopftuch und ein langes Kleid und hat sanftmütige Augen. Sie lächelt mir zu und nimmt mir die nasse Jacke ab, um sie gleich auf einen Haken zu hängen. Alles hat hier seine Ordnung.

Der Vater bittet mich, Platz zu nehmen. Die anderen bleiben stehen und setzen sich erst danach im Kreis auf. Ich bin ein wenig verlegen. Und kann mich nicht erinnern, jemals so höflich empfangen worden zu sein.

Die Mutter holt ein Tablett hervor, auf dem sie mir ein paar Kekse und Getränke entgegenhält. Dann verteilt sie die Getränke an die anderen. Etwas schüchtern nehme ich einen Schluck vom Orangensaft und versuche gleich ins Gespräch zu kommen. „Wie geht es Ihnen?", frage ich, aber niemand scheint mich zu verstehen.

Zum Glück sitzt Arsalan neben mir. Der junge Mann hat mich hierher begleitet, ist ein guter Freund der Familie und spricht fließend Englisch. Er übersetzt meine Worte. Der Vater hält auch noch sein Mobiltelefon in der Hand, über das sein ältester Sohn Ismail zugeschaltet ist. „Hallo Isi!", begrüße ich meinen Schüler. „Schau mal, wo ich gerade bin!" Am Bildschirm sehe ich, wie Isi lächelt. Oder es zumindest versucht. Irgendwie wirkt er dabei sehr traurig. Wahrscheinlich, weil er auch gerne hier wäre.

Über das Handy beginnt Ismail mit seinem Vater zu sprechen. Ich verstehe zwar kein Wort, aber Arsalan und Ismail übersetzen zwischendurch immer wieder.

Der Vater sagt, dass er sich sehr freut, mich kennenzulernen. Dass er sich bei mir bedanken möchte, weil ich mich so gut um seinen ältesten Sohn kümmere. Er hat die Fotos gesehen, die Ismail bei der Siegerehrung zum Staatsmeister im Kickboxen zeigen. Besonders Omar, sein kleinerer Bruder, ist davon sehr angetan, und der Vater lässt fragen, ob Omar vielleicht einmal bei mir mittrainieren könne.

„Na klar!", antworte ich. „Es wäre mir eine große Freude!" Omar, der Junge, der mich am Eingang so freundlich begrüßt hat, scheint das Zeug für einen Champion zu haben. Er ist noch ein

Teenager, strahlt aber schon eine unglaubliche Ruhe und Kraft aus.

Der Vater steht auf, setzt sich neben mich und beginnt leiser zu sprechen. Er besitzt nicht sehr viel, flüstert er mir zu, aber das Wertvollste, das er hat, ist ein Ring seines eigenen Vaters. Und den möchte er mir heute schenken. Er streift sich den Ring vom Finger und überreicht ihn mir. Es ist ein schöner, großer Silberring mit einem blau leuchtenden Stein. „Das ist ein ganz besonderer Stein, der aus meiner Heimat stammt", sagt der Vater. „Er soll dich beschützen, Ronny."

Ich bin sprachlos. Und blicke verlegen zu den anderen. Omar lächelt mir zu und bittet seinen Vater, mir etwas zu zeigen. Der Vater wischt über den Bildschirm seines Handys und hält es mir näher ran.

Auf einem Video sehe ich zuerst nur eine verlassene Fabrikhalle. Dann schaue ich aber genauer hin. In der Mitte kniet ein Junge und hat die Hände hinter dem Rücken gefesselt. Zwei vermummte Männer stehen daneben und beginnen plötzlich auf ihn einzuschlagen. Zuerst nur mit den Fäusten, dann, als er schon am Rücken liegt, auch noch mit Fußtritten. Einer der Männer packt den Jungen an den Haaren, richtet ihn brutal auf und hält ihm die Klinge eines großen Messers an die Kehle. Ein anderer schlägt noch einmal auf den wehrlosen Jungen ein, bevor er ihm die Mündung seines Sturmgewehrs an die Schläfe setzt. Die Männer schreien etwas Persisches in die Kamera. Der Junge schreit auch. Er weint. Und fleht um Gnade.

Ich kann zuerst gar nicht glauben, was ich da gerade sehe und gehe noch näher ran. Mir stockt der Atem. Der Junge, der so verzweifelt um sein Leben schreit, das ist ja – Omar, der gerade neben mir sitzt. Stille. Ich weiß nicht, was ich sagen soll. Der Vater hält sich die Hände vors Gesicht und beginnt verzweifelt zu weinen. Die Mutter und die Kinder blicken mit erstarrter Miene zu Boden.

Irgendwann durchbricht Omars Stimme die Stille. Er spricht zu seinem Vater und nimmt ihn dabei liebevoll in den Arm. Wir anderen sitzen alle stumm da. Am kalten und dreckigen Boden. Auf nassen Decken und alten Zeitungen.

Wir sitzen mitten in Moria, dem Flüchtlingslager auf der griechischen Insel Lesbos. Genauer gesagt sitzen wir im „Dschungel" von Moria. So nennen sie die Zeltstadt in den Olivenhainen, wo alle Zuflucht suchen, die im Lager keinen Platz mehr fanden.

Aus Pappkartons, alten Holzpaletten und Plastikplanen hat sich die siebenköpfige Familie dort eine notdürftige Unterkunft gebaut. Durch die löchrigen Planen tropft der Regen. Drinnen ist es gerade einmal so groß, dass wir alle eng nebeneinandersitzen können. Es ist nass und eiskalt. Immer wieder pfeift der Wind durch die Plastikplanen. Warmes Wasser, Strom und sanitäre Anlagen gibt es hier nicht.

Der Vater erzählt mir die ganze Geschichte. Die Familie kommt ursprünglich aus Kabul in Afghanistan. Dort hatten sie ein eigenes Haus und ein gutes Leben. Im Krieg wurde zuerst ihr Haus zerstört. Dann verlor der Vater seinen Job. Als Terror-Milizen seinen Sohn entführten und mit einem Video hohes Lösegeld erpressten, verkaufte der Vater sein letztes Hab und Gut. Sein Sohn kam frei, die Familie flüchtete in der gleichen Nacht. Zuerst in die Türkei, wo sie sich Schleppern anvertraute und insgesamt 7000 Dollar für die Überfahrt nach Griechenland bezahlte.

Das überfüllte Schlauchboot kenterte zweimal und die Familie kämpfte im eiskalten Mittelmeer um ihr Leben. Beim dritten Versuch hat es geklappt. Jetzt sind sie schon seit zwei Monaten hier in Moria.

Ismail ist ihr ältester Sohn. Er flüchtete schon vor vier Jahren, nachdem er bei einem Bombenanschlag fast ums Leben gekommen ist. Der Vater hat ihn dazu ermutigt. „Du musst sofort weg, wenn du leben willst", waren seine letzten Worte. Ismail hat es bis nach Wien geschafft. Hier habe ich ihn kennengelernt. Und lieben. Ich habe Ismail versprochen, dass ich seine Familie besuche, wenn ich auf Lesbos bin. Jetzt bin ich hier. Mitten im Dschungel von Moria. Ich bin schockiert. Ergriffen. Und tief berührt.

Sie haben alles verloren und leben unter unmenschlichsten Bedingungen in einem provisorischen Zelt. Im Winter, im Regen, im Dreck. Und dann empfangen sie mich mit einer Höflichkeit und Würde, die ich niemals zuvor erlebt habe. Bieten mir ihre letzten Getränke an und schenken mir das Wertvollste, das sie noch besitzen.

Ich kann es nicht begreifen. Wie kann es sein, dass so wunderbare und anständige Menschen unter solch verheerenden Umständen leben müssen? Mitten in Europa.

Ich verspreche dem Vater, dass ich ihm seinen Ring zurückgeben werde. Im Hotel Sacher in Wien, wo sein Sohn Ismail eine Lehre zum Koch absolviert.

Als ich mich auf den Heimweg mache, regnet es noch immer. Ich kann den steilen Weg durch die Baracken und Zelte kaum noch finden. Immer wieder rutsche ich aus. Meine Augen brennen von den Rauchschwaden, die über das Lager ziehen, mir ist eiskalt und es riecht überall nach verbranntem Plastik. Aus den Zelten höre ich kleine Kinder weinen. Irgendwann sehe ich Lichter am Ende des schlammigen Feldweges. Ich setze mich in mein Auto, drehe die Heizung auf und schließe meine Augen. Vor mir sehe ich die Mutter, den Vater und die Kinder. Ich spüre ihr Leid. Und ihre Herzenswärme. Ich weine. Und denke daran, wo meine Reise begonnen hat.

DAS LEBEN
IST SCHÖN!?

„Wie geht's dir?", fragte mich der flüchtige Bekannte, den ich frühmorgens auf der Straße traf. „Danke, gut!", antwortete ich wie aus der Pistole geschossen und ging schnell weiter. Ich hatte es eilig. Und antwortete auf solche Fragen sowieso immer das Gleiche, ohne groß darüber nachzudenken. Diesmal war es anders. Die Frage regte mich auf. Wie sollte es mir schon gehen? Ich hatte eine wunderbare Familie und viele Freunde. Eine große Wohnung, immer gut zu essen und einen Job, der mir große Freude machte und den ich nicht mal als Arbeit empfand. Immerhin hatte ich mir meinen Traum verwirklicht und leitete ein großes Trainings-Studio im Zentrum von Wien. Dort unterrichtete ich die Kampfkunst Shinergy und war für mehr als vierzig Trainer sowie viele Mitglieder, die wir tagtäglich mit Yoga, Pilates, Fitness und Kampfsportkursen in Bewegung brachten, verantwortlich. Daneben schrieb ich Bücher, hielt Vorträge und coachte Unternehmen im Krisen- und Konfliktmanagement. Was sollte also die komische Frage?

Die morgendliche Begegnung ging mir nicht mehr aus dem Kopf. Irgendetwas stimmte nicht. Ich wurde misstrauisch. Und wie immer, wenn ich nicht mehr weiterwusste, fuhr ich nach Hohenau, wo ich aufgewachsen bin, um zur Ruhe zu kommen. Dort, wo March und Thaya sich treffen, erheben sich tiefe Auwälder einer unberührten Natur. Für mich ist das ein besonderer Ort. Schon seit meiner frühen Kindheit, als ich mit der Diagnose auf

Knochenmarksentzündung und der Aussicht auf ein Leben ohne Sport konfrontiert wurde. Damals hat meine Faszination für Kampfsport begonnen. Ich bewunderte den Mut der ruhmreichen Samurai und verschlang alles zum Thema Zen, Meditation und asiatische Kampfkunst. Ich war mir sicher: Eines Tages würde ich ein großer Kämpfer sein und allen zeigen, was in mir steckt. Meine Umgebung war davon wenig begeistert. Nach monatelanger Bettruhe und Unmengen an Infusionen durfte ich mich kaum bewegen. Ich verbrachte die meiste Zeit alleine in meinem Zimmer, musste meine Schultasche auf einem Rollwagen, wie ihn alte Leute benutzten, hinterherziehen und saß beim Sport immer auf der Ersatzbank. Ich wurde belächelt. Ausgegrenzt. Und war ein Außenseiter.

Zum Glück konnte ich mich damals hinter meinen Büchern verschanzen. Und in den Wäldern. Dort konnte ich ungestört meditieren, trainieren und von großen Taten träumen. Manchmal spielte ich auf einer Wiese Siegerehrungen nach und hielt Dankesreden. Niemand konnte mir dort meinen Traum zerstören.

Das Beste daran? Dass meine kindlichen Träume später Wirklichkeit wurden – und zwar genau so, wie ich mir das immer vorgestellt hatte. Ich begann in einem Taekwondo-Verein zu trainieren, nahm an ersten Turnieren teil und wurde mit 21 Jahren jüngster Staatsmeister im Vollkontakt. Danach wurde ich ins Nationalteam einberufen, kämpfte erfolgreich bei Turnieren in ganz Europa, Asien und den USA und krönte meine Karriere mit US-Open-Medaillen und einem Weltmeistertitel. Und doch bin ich daran fast zerbrochen. Meine Trainer hielten spirituelle Inhalte alter Kampfkünste meist für unnötigen Humbug und trieben mich an. Sponsoren und Verbandsfunktionäre wollten Erfolge sehen, und ich quälte mich mehrmals täglich über meine Grenzen hinaus. Ich wurde dabei immer verbissener und war ständig in Schlägereien verwickelt.

Damals fühlte ich mich als Opfer und redete mich nach Prügeleien darauf heraus, dass ich ja nie angefangen hatte. Heute weiß ich, dass ich sehr wohl dafür verantwortlich war. Weil meine innere Aggression, meine Widerstände und mein übertriebenes Ego all jene auf den Plan riefen, die das gleiche Problem hatten. Und ich auf jede Provokation sofort reagierte. Zuerst nur mit verletzenden Worten. Wenn das nichts half, auch mit den Fäusten.

Ich verbrachte meine Tage mit Training, Wettkämpfen und dem ständigen Streben nach Erfolg. Die Zeit dazwischen überbrückte ich an der Uni, mit Nebenjobs als Türsteher und in wilden Nächten.

Irgendwann konnte ich nicht mehr. Ich war völlig erschöpft und andauernd krank. Ich war alles andere als in meiner Mitte. Von den Idealen meiner Jugend hatte ich mich weit entfernt. Was nun?

Mit dem brachialen Kräftemessen im Kampfsport konnte ich schon lange nichts mehr anfangen. Was zählte, waren meist Kraft, Härte und der Sieg. Intellekt, Einfühlungsvermögen und der Respekt vor dem Gegner waren weniger gefragt. Viele aufgeblasene Champions waren außerhalb des Rings richtige Arschlöcher. Auf der anderen Seite standen Schöngeister asiatischer Kampfkunst, die ihre eigene Unsicherheit hinter Kalendersprüchen versteckten und sich im Training nie dem direkten Kampf stellten. Völlig verkrampft und in asiatische Tracht gewandet, führten sie ihre starren Bewegungschoreografien vor. Begleitet von ernster Miene, völlig veralteten Trainingsmethoden und Techniken, die jedem halbwegs wachen Straßenkämpfer höchstens Lachtränen in die Augen trieben.

Die einen konnten nur noch kämpfen. Die anderen konnten es gar nicht. Ich glaubte, dass beides möglich war. Ich glaubte daran, dass die geistigen Inhalte der Kampfkunst überall anwendbar sind und Körper wie Geist wappnen können. Im Kampf wie im Alltag. Das war der Start für einen langen Umdenkprozess und die Rückbesinnung auf meine jugendliche Begeisterung. Ich begann die Prinzipien alter Weisheitslehren in eine Bewegungsmethodik zu übersetzen und auf neueste Erkenntnisse der Sportwissenschaft zu bauen. Im Mittelpunkt stand eine Geisteshaltung absoluter Gegenwärtigkeit in Angst- und Stresssituationen sowie die effektive Anwendung der Techniken. Ich gründete „Shinergy" und unterrichtete eine Selbstverteidigung, die auch gegen stärkere Gegner funktioniert. Darüber hinaus vermittelt Shinergy die spirituellen Inhalte der Kampfkunst, auf die es letztendlich ankommt. Denn nur, wer seine Wut, Angst und Aggression konstruktiv integrieren kann und den Gegner als Spiegelbild seiner eigenen Widerstände erkennt, kann Konflikte friedlich lösen. Und seinen Frieden finden. Kämpfen zu können bedeutet, nicht mehr kämpfen zu müssen.

Das funktionierte auch bei mir selbst gut. Ich war jetzt viel ruhiger. Ich unterrichtete in meiner eigenen kleinen Kampfsportschule, schrieb Bücher und hielt Vorträge über die Anwendung der Shinergy-Prinzipien im beruflichen und privaten Alltag. Irgendwann war mir das zu wenig und ich nahm einen großen Kredit bei der Bank auf. Ich eröffnete ein riesiges Trainingszentrum und posierte für Prospekte und Magazine. Ich war erfolgreich. Zumindest erweckte es den Eindruck.

Denn hinter meinen selbstbewussten Posen, dem ständigen Lächeln und energiegeladenen Auftritten lauerten sie wieder: Die Erschöpfung. Die Angst. Und der ständige Kampf.

Die Zeiten damals waren wirtschaftlich sehr angespannt und ich kämpfte jeden Tag darum, den Betrieb meines Zentrums aufrechtzuerhalten. Eigentlich tat ich gar nichts anderes mehr. Die hohen Mietkosten, die Gehälter und zu wenig Mitglieder – ich jonglierte Millionen. Und hatte dennoch nichts. Außer der ständigen Furcht zu scheitern. Nichts mit Freiheit. Nichts mit Freude. Angst und Burnout hießen meine Begleiter. Ich kämpfte wie besessen. Gegen Konkurrenten, Stress und Zweifel. Und gegen mich selbst.

„Nicht schon wieder", dachte ich damals in den Wäldern meiner Heimat. „Ich muss mein Leben ändern und sie wiederfinden. Die Freude. Und die Freiheit."

Aber wie? Ich trug große Verantwortung und hatte so viele Verpflichtungen. An ein Aufgeben war nicht zu denken. Dafür steckte ich schon viel zu tief drinnen und die offenen Rechnungen trieben mich vor sich her – im wahrsten Sinne des Wortes. Denn ich hetzte durch meinen Alltag und erfüllte nur widerwillig alle Pflichten und Ansprüche. Um mich jeden Abend leer und ausgebrannt zu fühlen. Unfrei und als Gefangener der Umstände. Von meinen Mitarbeitern verlangte ich natürlich das Gleiche. Ich konnte ihnen die Gehälter zwar nicht pünktlich zahlen, hatte aber auch kein Verständnis für ihre berechtigten Beschwerden. „Wenn ich mein Letztes gebe, dann kann ich das auch von euch verlangen", nach diesem Motto hielt ich alle auf Trab. Immerhin kämpften wir um unsere Existenz.

Und mein Training? Dazu war nur mehr selten Zeit, mein Unterricht hatte sich stark verändert. Früher unterrichtete ich viel mehr Partnerübungen, Wettkampftechnik und realistische Selbstverteidigung. Die meisten Leute wollten aber nur einen Ausgleich zu ihrem Alltag und ein wenig fitter werden. Für die Übungen mit Körperkontakt oder gar Sparring waren nur wenige bereit. Dazu muss man wissen, dass die Philosophie von Shinergy kein Spaziergang ist. Sie ist ein steiniger Weg, der den großen Mut erfordert, sich mit unterdrückten Schattenseiten seiner Persönlichkeit, mit Wut, Angst und Aggression auseinanderzusetzen. Und mit dem eigenen Ego.

Trotzdem strich ich diesen Teil immer mehr aus dem Training. Mehr Technik. Mehr Fitness. Nur nicht zu viel Kampf. Das wollten die meisten nicht. Und ich wollte es jedem recht machen. Ich brauchte mehr Mitglieder.

Die Anfängerkurse waren gerammelt voll. Im Fortgeschrittenen-Training stand ich meist nur noch mit einer Handvoll Frauen und Männer im Raum. Und das Wettkampfteam, mit dem wir immer so erfolgreich waren, schien sich langsam aufzulösen. Ich hatte einfach keine Zeit mehr, mich darum zu kümmern und meine Wochenenden in Sporthallen zu verbringen. Nur einige wenige Unentwegte machten weiter.

Und ich? Ich verlor immer mehr die Lust an meiner Arbeit. Fühlte mich wie im falschen Film. Ich hatte so lange trainiert, so viele Turniere gewonnen, und jetzt? Jetzt stand ich geschniegelt da, lächelte mich durch jugendfreie Motivationssprüche und heuchelte Interesse an den Problemzonen der Wohlstandsgesellschaft. Dazwischen beschäftigte ich mich mit Yoga und Pilates-Trends, den neuesten Methoden zur Fettverbrennung und anderen Ingredienzien zur Selbstoptimierung.

Im Trainings-Zentrum spielte ich den Strahlemann. Niemand durfte merken, wie es mir wirklich ging. Zu Hause war ich erschöpft, frustriert und ständig gereizt.

Der Last empfundener Fremdbestimmung konnte ich damals nur noch durch das Aufwärmen alter Geschichten von ruhmreichen Kämpfen und anderen Abenteuern entfliehen, mit denen ich meine Trainer und Freunde langweilte. Oder ich flüchtete mich ins Nacht-Café, wo ich mir abends oft ein Bierchen zu viel genehmigte. Das schaffte zumindest ein wenig Erleichterung. Bis zum nächsten Morgen.

AUGENBLICK
DER EWIGKEIT

Ich erinnere mich noch gut an den Morgen, an dem ich wieder einmal übernächtigt ins Büro hetzte. Ich wollte mir beim Bäcker noch schnell ein Frühstück holen, blieb aber am Titelblatt einer Zeitung hängen, die jemand am Tisch liegen gelassen hatte.

„Drama an unserer Grenze", las ich dort. Und sah das Bild von hunderten Menschen, die mit gesenktem Kopf über ein verlassenes Feld gingen. Ihre letzten Habseligkeiten und kleinen Kinder auf dem Rücken tragend. Ich las im Artikel, dass tausende Kriegsflüchtlinge aus Syrien und Afghanistan an unserer Grenze standen. Mit nichts, außer dem, was sie am Leib trugen. Das Flüchtlingslager in Traiskirchen sollte bereits heillos überfüllt sein.

Für die üblichen Verdächtigen der rechtsnationalen FPÖ schien dies ein gefundenes Fressen zu sein. Auf der nächsten Seite schürte wieder irgendein wohlstandsverwahrlostes Milchgesicht die Angst vor Fremden. Und sprach im Interview von globaler Bedrohung, Umvolkung und was uns die Geflüchteten nicht alles wegnehmen werden.

„Das darf doch nicht wahr sein", schoss es mir durch den Kopf. „Ich muss etwas tun."

Ich empfand es damals fast als Pflicht, zumindest aber als meine Verantwortung. Wir, die den Luxus haben, im Fitnessstudio zu trainieren, wir haben die Verantwortung dort zu helfen.

Ich ging ins Büro und fertigte ein großes Plakat an, auf dem ich unsere Mitglieder aufrief, Kleidung zu spenden. Für die Menschen, die nichts mehr hatten und nur einige Kilometer weit entfernt leiden. Ich würde die Sachen dann nach Traiskirchen bringen.

Ich hing das Plakat auf und definierte daneben einen Ort, wo die Spenden hinterlegt werden konnten. Wie sich herausstellen sollte, reichte der Platz nicht lang aus. Bereits am nächsten Tag brachten unsere Mitglieder unzählige Säcke und Taschen. Mit Kleidung, Schuhen, Hygieneartikeln und Spielzeug. Am zweiten Tag war es schon ein ganzer Berg an Spenden, und mein Auto reichte kaum noch aus, um die Sachen nach Traiskirchen zu bringen. Ich fuhr fast täglich hin und gab die Spenden am Haupteingang des Flüchtlingslagers ab.

Ich war beeindruckt und rief die Luxus-Tempel der Fitness-branche damals zur vereinten Hilfe auf, bekam aber nie eine Antwort. Die meisten schienen sich weiterhin nur um ihre eigenen Bedürfnisse zu kümmern. Um ihren Bauch, um Beine und Po. Keiner scherte sich um die große Not vor der eigenen Haustür.

In den folgenden Wochen spitzte sich die Situation dramatisch zu. Das Lager in Traiskirchen war endgültig überfüllt, es gab keinen Platz mehr und Neuangekommene mussten auf den Äckern rings ums Lager campieren. Auf alten Decken, Zeitungen und ohne ein Dach über den Kopf. Auch im Regen.

Ich beschloss, die Spenden nicht mehr am Eingang abzugeben, sondern sie direkt an die Menschen auf den Feldern zu verteilen. Das war gar nicht so einfach. Wenn ich mit meinem Wagen vorfuhr und die Heckklappe öffnete, bildete sich sofort eine Menschentraube. Alle wollten etwas von den Spenden haben und drängten nach vorn. Ich konnte das gut verstehen, wusste aber auch um die Gefahr solcher Situationen. Und dass die Schwächeren dabei immer leer ausgehen.

Also beendete ich die Verteilung immer sehr schnell und setzte sie an einem anderen Platz in Traiskirchen fort. Irgendwann hatte ich alles verteilt und setzte mich zu den Menschen auf den Acker. Dort, am kalten Boden, saß ich mit Angekommenen aus Syrien, dem Irak, Afghanistan und Somalia zusammen. Sie

alle waren von der langen Flucht und den schwierigen Lebensbedingungen gezeichnet. Ihre bunte Kleidung und bedruckten T-
Shirts waren offensichtlich Spenden, meist waren sie viel zu groß
oder zu klein. Die meisten waren jüngere Männer, es waren aber
auch viele Frauen und kleine Kinder dabei. Ich konnte ihre Sprache nicht verstehen, aber oft fand sich jemand, der ins Englische
übersetzen konnte.

Es entstanden lange Gespräche. Die Menschen erzählten von
ihrer Heimat. Sie sprachen über Krieg, Terror und ständige Angst.
Über das Zurücklassen von allem, was sie hatten. Das Haus, die
Familie und ihre Freunde. Sie erzählten mir über den beschwerlichen Weg bis hierher. Über brutale Schlepper, die Angst vor dem
Ertrinken und dem Verdursten. Über Hunger, Entbehrung und
unbeschreibliches Leid.

Was ich hier erfuhr, berührte mich zutiefst, aber auch das Lachen kam nicht zu kurz. Wenn sie erzählten, wie sie es geschafft
hatten, wie sehr sie sich darüber freuten und wie erleichtert sie
waren, endlich in Sicherheit zu sein.

Irgendwann fragten mich die Menschen um mich herum
auch, woher ich käme. Warum ich eigentlich hier sei und was ich
beruflich machte. Als ich einer Gruppe junger Männer von meinem Beruf als Kampfsport-Trainer erzählte, sah ich, wie sich
dabei ihre Gesichter veränderten, ihre Augen strahlten und sie
die Mundwinkel hoben. Einige sprangen sofort auf, hüpften mit
Kampfsport-Tritten über das Feld und zeigten mir, was sie schon
alles konnten. Das fand ich damals immer sehr lustig. Was mich
aber tief berührte, war der Blick einiger Burschen, die neben mir
saßen. In diesem Moment schien die Zeit stillzustehen und unsere
Blicke trafen sich in Stille und Verbundenheit. Wir sprachen kein
Wort, sahen uns nur an und es schien, als würden wir uns schon
eine Ewigkeit kennen. Diesen Augenblick werde ich nie vergessen.

BRÜDER
IM SCHMERZ

Da saßen wir nun auf dem nassen Acker. Ein fast 50-jähriger Kampfsportlehrer. Und eine Handvoll junge Männer, die gerade erst um ihr Leben gerannt waren. Die ihre Heimat verlassen mussten und nun ganz allein waren. Ich hatte alles, was ich mir erträumt habe. Sie hatten alles verloren, nichts mehr zu verlieren. Aber sie hatten dieses unbeschreibliche Leuchten in ihren Augen. Man musste nur genau hinsehen. Hinter dem Schleier aus Angst und Verzweiflung konnte ich es genau erkennen. Da waren Mut, Hoffnung und Kampfgeist.

Mit Kampfgeist meine ich nicht die Bereitschaft zu Aggression und Kampf. Das hat für mich auch nichts mit Wut und Angst zu tun. Im Gegenteil: Für mich zeigt sich der Kampfgeist im Mut. Im Mut, alles aufzugeben, was man hat. Oder zumindest glaubt zu haben. Was dann noch übrig bleibt, ist das Einzige, wofür es sich immer zu kämpfen lohnt: Das eigene Leben.

Ich habe mich sicherlich nicht ohne Grund seit meiner frühesten Jugend mit den spirituellen Inhalten asiatischer Kampfkunst beschäftigt und war immer davon fasziniert, welch grenzenlose Kraft uns innewohnt und sich als Kampfgeist zeigt. Mit äußerer Erscheinung, Härte und Muskelpaketen hat das nichts zu tun. Meist sind es sogar eher unscheinbare Menschen, die den Zugang zu ihrer innersten Kraft finden und über sich hinauswachsen. Menschen, die schwere Zeiten durchmachen mussten, eine Sucht oder eine schwere Krankheit überwunden haben. Die Schreckliches erlebt haben, völlig verzweifelt waren oder vielleicht sogar schon einmal an der Schwelle zum eigenen Tod gestanden sind. Sie alle verbindet der Mut. Der Mut zum Durchhalten. Und zum Loslassen am scheinbaren Endpunkt ihres Weges, zur Veränderung und zum Neubeginn. Denn erst, wenn man wirklich bereit ist, alles aufzugeben, was man hat, hat es einen nicht mehr. Die Angst vor dem eigenen Tod ist dabei die schwerste Prüfung. Man klammert sich verzweifelt ans eigene Leben und fürchtet sich vor dem Unvermeidlichen. Hat man die Furcht vor dem eigenen Tod aber erst einmal überwunden, dann kann man sie spüren: den Mut zum Leben und uneingeschränkte Lebensfreude. Das ist der Kern alter spiritueller Lehren. Deshalb spielt das Sterben auch so eine wichtige Rolle im japanischen Zen. Dort heißt es, dass man am Meditationskissen irgendwann stirbt. Gemeint ist damit freilich nicht, dass man dann tatsächlich tot ist. Vielmehr bedeutet es, dass man sich vom eigenen Ich löst und sein konstruiertes Ego erkennt. Stirbt die zwingende Identifikation mit dem Ego, wird das wahre Selbst geboren – die ganze Persönlichkeit in ihrer strahlenden Vollkommenheit: innerste Kraft, wahrer Mut und pure Lebensfreude.

Meinen eigenen Kampfgeist entdeckte ich in größter Not und traumatischen Erlebnissen meiner Kindheit. Die Knochenmarksentzündung war damals nur der körperliche Ausdruck meiner unsäglichen Angst. Zum Glück wechselte ich automatisch in eine dissoziative Wahrnehmung. So konnte ich das Geschehen von außen betrachten. Und überleben.

Wahrscheinlich war ich auch deshalb vom Zen und der Philosophie der alten Samurai immer so fasziniert. Dort geht es vor allem darum, aus einer Extremsituation auszusteigen. Und zum Beobachter zu werden. Dann kann man mit Angst und Stress umgehen lernen und bleibt auch in lebensbedrohlichen Situationen voll handlungsfähig. Später lernte ich, diese Geisteshaltung immer dann zu aktivieren, wenn ich sie brauchte. Beim Kämpfen zum Beispiel. In bedrohlichen Situationen stieg ich einfach aus und betrachtete alles von außen. Wie in einem Film. Ob bei Schlägereien oder gefährlichen Situationen im Hafenviertel von Manila –ich blieb ruhig und klar. Vor allem blieb ich handlungsfähig und konnte Schlimmeres verhindern. Das half mir manchmal sogar dabei, gar nicht mehr kämpfen zu müssen. Wer will sich schon mit jemandem prügeln, der scheinbar nichts mehr zu verlieren hat?

Eigenschaften wie Härte und Widerstandsfähigkeit spielen für den Kampfgeist keine besonders wichtige Rolle und stehen sogar eher im Weg. Druck erzeugt immer Gegendruck, bis man irgendwann darunter zusammenbricht. Im Kampfgeist zeigt sich vielmehr die Fähigkeit, innere Widerstände völlig aufzulösen und durchlässig zu bleiben. Dann lässt man die schrecklichsten Erfahrungen an sich vorbeigleiten. Bleibt ganz bei sich. Und geht seinen Weg.

Kampfgeist zeigt sich besonders in Krisen, in Konflikten und schweren Zeiten der Veränderung. Dort sind wir uns damals begegnet. Und haben uns wie Brüder getroffen. In der Verzweiflung und in der Wut. In der Hoffnung und im Mut. Im Kampfgeist. Aber nicht nur dort.

Ich spürte es – in den jungen Burschen, die mit mir am Acker saßen, schlummerte eine schier unglaubliche Kraft. Angst, Leid und Verzweiflung hatten sie erweckt. Hoffnung und der Mut zum Leben hatten sie genährt. Diese Kraft kann leicht außer Kontrolle geraten. Sich nach innen richten. Bis zur Selbstaufgabe. Oder im Außen eskalieren. Im Kampf, der Wut und in der Aggression.

Ich wusste sofort, dass ich den jungen Männern helfen konnte, ihre Kraft zu kontrollieren. Dass ich ihnen zeigen konnte, wie sie ihre Angst und Wut in Mut verwandeln. Ich beschloss, die Burschen zu trainieren.

Am Heimweg war ich beseelt vom Gedanken, junge Kriegsflüchtlinge in der Kampfkunst zu unterrichten. Ich war davon überzeugt, dass ich mit meinem Handwerk einen Teil dazu beitragen konnte, die jungen Männer zu wappnen. Für alles, was auf sie zukommen würde.

Aber etwas fehlte noch. Klar, die Jungs hatten sicher alles, worauf es ankam. Sie hatten Durchhaltevermögen, Mut und Kampfgeist. Aber wie konnte ich vermeiden, dass unser Training nach hinten losging? Dass ich ihre Wut und Aggression nur noch steigerte? Und ihnen dann auch noch Kampftechniken beibringen wollte, mit denen sie andere schwer verletzen konnten?

Ich ging in mein Kampfsport-Zentrum, um ein wenig zu trainieren. Als ich den Trainingsraum betrat, wurde mir alles klar. Es stand ja auch groß vor mir. Der Raum ist mit Matten ausgelegt. Die vordere Wand schmücken drei große Banner. Das linke zeigt das japanische Schriftzeichen „Yuku", das bedeutet „Mut". Am rechten Banner steht „Ai" – das Schriftzeichen für „Liebe". Dazwischen hängt unser Shinergy-Zeichen, Symbol der Polarität und Verbindung scheinbarer Gegensätze.

Mehr brauchte ich gar nicht zu wissen.

Es bedarf großen Mutes, sich Herausforderungen zu stellen und um sein Leben zu kämpfen. Noch viel größeren Mut braucht es, wenn wir uns mit den unbewusst verdrängten Bereichen unseres eigenen Bewusstseins konfrontieren. Mit unseren Ängsten, mit Zorn, Neid und all den Dingen, die wir so gerne vor anderen verstecken. Das macht stark. Und erweckt den Kampfgeist.

Aber erst die Liebe schafft die Verbindung mit unserer innersten Kraft. Nur wenn wir mit uns selbst, mit unseren eigenen Bedürfnissen und Gefühlen verbunden sind und gleichzeitig die tiefe Verbundenheit zu unseren Mitmenschen im uneingeschränkten Respekt aufrecht halten, befreien wir das, was in uns steckt. Das unterscheidet den Weg zur Selbsterkenntnis vom selbstsüchtigen Streben nach Erfolg. Das erhebt den Kampf zur friedvollen Kunst. Mut und Liebe befreien, was längst schon da ist: Die Kraft in uns.

Mut aktiviert den Kampfgeist. Aber erst der Mut zur Liebe erweckt das Kämpferherz. Und nur darauf kommt es letztendlich an.

Die japanischen Schriftzeichen in meinem Trainingsraum wiesen mir den Weg.

Ich wusste, dass wir es schaffen können: Kämpfen zu lernen, um nicht mehr kämpfen zu müssen. Mit Mut und Liebe.

Ich begann noch in der gleichen Nacht am Konzept für unser Training zu schreiben. Der Name dafür war mir schon am Feld in Traiskirchen eingefallen: „Wir sind die Freedom Fighters!"

IM ANFANG
WAR DIE TAT

Am nächsten Tag suchte ich mir die Telefonnummern von Organisationen heraus, die sich in der Flüchtlingshilfe engagierten. Ich rief bei den Johannitern und der Caritas an und erzählte von meiner Idee. Die Verantwortlichen waren gleich interessiert und versprachen, die Infos weiterzuleiten. Ich rief auch private Helfer an, die ich in Traiskirchen kennengelernt hatte und fuhr hin, um einige persönlich einzuladen.

Das erste Training hatte ich schon eine Woche später angesetzt und war davor ziemlich nervös. Was, wenn überhaupt niemand käme?

Aber schon als ich mich meinem Zentrum näherte, konnte ich den bunten Haufen junger Männer sehen, die vor der Eingangstür warteten. Aus allen Richtungen kamen strömten sie herbei. An der Eingangstür standen etwa dreißig Burschen vor mir. Einige kannte ich bereits von meinen Besuchen im Lager. Mit dabei waren auch Betreuerinnen der Johanniter, die ihre Schützlinge begleiten wollten. Die jungen Männer verbeugten sich und begrüßten mich schon von weitem mit einem lauten „Thank you, Master!" „You are welcome!", antwortete ich und fragte die Betreuerinnen, warum denn alle draußen warteten. „Sie wollten nicht unhöflich sein und erst eintreten, wenn Sie da sind. Sie freuen sich schon so auf das Training", übersetzten sie die Antworten aus gebrochenem Englisch, persischen Ausrufen und wildem Gestikulieren.

Ich bat alle hinein und zeigte ihnen die Garderoben. Einige gingen hinein und holten Sporthosen aus ihren bunten Plastiktüten. Die meisten hatten aber gar kein Sportgewand mit, zogen nur die Schuhe vor dem Trainingsraum aus und setzten sich in Jeans auf die Matten. Oder sie begannen mit lautem Gebrüll auf die Sandsäcke zu springen.

Ich war ein wenig gestresst. Ich hatte nicht mit so vielen Teilnehmern gerechnet und war vom lauten Durcheinander erst einmal überfordert. Dazwischen stellten mir die Betreuerinnen ständig Fragen und wollten wissen, wie das Training genau ablaufen werde. Woher sollte ich das denn wissen?

Ich hatte eine Idee, aber keinen konkreten Plan. Das mache ich immer so. Dann kann ich viel schneller improvisieren, wenn etwas nicht so läuft, wie ich mir das vorgestellt habe.

Ich sagte den Betreuerinnen, dass ich gleich alles erklären würde und bat die Burschen, sich in vier Reihen aufzustellen. Zuerst auf Englisch, dann mit Händen und Füßen. Schlussendlich führte ich jeden einzeln zu seinem Platz. Wir verbeugten uns voreinander und setzten uns dann auf die Matten.

Ich blickte in die Reihen. Ganz unterschiedliche Menschen saßen mit mir im Raum, aber alle hatten dieses Leuchten in ihren Augen, von dem ich schon im Flüchtlingslager so berührt war. Manche wirkten ein wenig traurig und waren in sich gekehrt. Andere lächelten mich an und rutschten nervös am Boden herum. Alle sahen mich erwartungsvoll an und konnten es kaum erwarten, endlich loszulegen.

Sie mussten sich aber noch gedulden. Denn ich begann zuerst einen Vortrag über die Philosophie und Inhalte unseres Trainings zu halten. In Englisch. Die Betreuerinnen nickten zustimmend. Die Burschen sahen mich nur fragend an. Sie verstanden kein Wort.

„Na gut", dachte ich, „dann lasst uns einfach loslegen." Ich zeigte ihnen, wie wir uns zu Beginn des Trainings hinknien, den Rücken gerade aufrichten und die Handflächen vor dem Bauch aufeinanderlegen. Dann begann ich die einstimmende Meditation anzuleiten: „Atmen und jeden einzelnen Atemzug mitzählen. Von eins hoch auf zehn und wieder von vorne beginnen." Diese Übung aus der Zen-Meditation sollte beruhigen, den Geist schärfen und uns in den Augenblick bringen. Das tat sie aber nicht.

Die Jungs saßen windschief und verkrampft da. Einige hechelten laut, andere hielten den Atem komplett an. Alle bemühten sich. Niemand verstand, was wir hier taten. War auch viel verlangt. Die Jungs kamen mit der Erwartung eines actionreichen Kampfsport-Trainings hierher. Und dann sollten sie im Kniesitz stillhalten und ihre Atemzüge zählen? Das konnte nichts werden.

Zen ist in die japanische Kultur eingebettet. Dort passt er perfekt hin. In jungen Jahren hatte ich mich zwar immer wieder in Zen-Kurse eingeschrieben, die Menschen dort waren mir aber meist viel zu rigide. Da fehlte mir einfach die Lebensfreude. Ich traf dort Leute, die Bücher rezitieren konnten und sich emotionslos durch Meditationsmarathons quälten. Da schliefen mir die Füße ein. Die besten Lehrer, die ich hatte, kannten immer auch die besten Witze. Überhaupt habe ich über Gegenwärtigkeit am meisten von Menschen gelernt, die das Wort „Zen" gar nicht schreiben konnten. Von alten Haudegen, scheinbar Verrückten und anderen Freigeistern. Von geläuterten Raufbolden, gescheiterten Existenzen und anderen Spinnern.

Im Shinergy-Training vermittle ich die Gegenwärtigkeit lieber in Bewegung. Weil wir jede Technik variieren und immer auf veränderte Situationen reagieren, muss unsere Aufmerksamkeit dabei im Augenblick sein. Sonst funktioniert das nicht. Das kann großen Spaß machen. Und macht die Sache im Alltag anwendbar. Wer sitzt schon den ganzen Tag im Lotossitz? Durch unsere Methodik kann ich Aufmerksamkeit dort vermitteln, wo alles in Bewegung ist. Dein Körper bewegt sich. Der Gegner bewegt sich. Der Geist ruht. Im Hier und Jetzt.

Ich musste lächeln, als ich an meine langweiligen Zen-Kurse dachte und diesen bunten Haufen vor mir sah. Und beendete die Übung. Zur Freude aller.

Die nächste Übung war mindestens so unspektakulär wie die einstimmende Meditation und hieß: „Einfach nur stehen". Dabei stellt man sich aufrecht hin, hält die Arme vor dem Körper und versucht, die körperliche Balance zu finden. Die Übung entstammt alten Kriegskünsten und zielt darauf ab, eine Position zu finden, in der man die Muskulatur größtenteils entspannen kann und damit die Voraussetzungen zur Kraftentfaltung in der Bewegung schafft. In asiatischen Kampfkünsten ist der Begriff der „Kraft" nämlich ganz anders definiert, als wir es gewohnt sind. In unserem Denken ist Kraft mit Anspannung gleichgesetzt. Und Leistung mit Entbehrung. „No Pain, No Gain" heißt das Motto der modernen Leistungsgesellschaft. „Beiß die Zähne zusammen und gib dein Letztes" ist die Devise.

Ganz anders in den Kampfkünsten. Dort entsteht die Kraft aus der Entspannung. Und die Leistung aus der Leichtigkeit. Nur wenn wir im Gleichgewicht sind und alle Muskeln entspannen, die unserer Bewegung entgegenwirken, können wir unsere volle Kraft entfalten. Dann fühlt es sich mühelos an. Genau diese Leichtigkeit ist das Ziel der Übung, die sich von selbst erklärt, wenn ich Trainierende nur lange genug stehen lasse, manchmal auch eine halbe Stunde lang. Das ist gar nicht so einfach. Denn nach einiger Zeit äußern sich Verspannungen als bald unerträgliche Schmerzen, die auf Fehlhaltungen hinweisen, die wir uns durch zu viel Sitzen angeeignet haben. Das gilt es wieder umzulernen. Und die natürliche Haltung zu finden, die wir als Kinder längst hatten. Mit Muskelkraft hat das nur wenig zu tun. Natürlich sind starke Muskeln auch von Vorteil. Aber was nützen sie, wenn sie verspannt sind und unsere Bewegung bremsen? Manche Menschen bewegen sich, als würden sie beim Autofahren aufs Gas steigen und dabei übersehen, dass die Handbremse voll angezogen ist. Ich kenne Leistungssportler, die nach zwanzig Minuten Stehen aufgeben, weil sich ihre starken Muskeln noch mehr verspannen und sich Schmerzen breitmachen. Und ich kenne Siebzigjährige, die locker eine Stunde lang durchhalten. Ich liebe diese Übung. Die Burschen taten das nicht.

Zähneknirschend und mit schmerzverzerrten Gesichtern standen sie da und versuchten durchzuhalten. Das mussten sie auch. Denn solche Übungen trennen die Spreu vom Weizen. Wer ins Training kommt, um schnell nur ein paar Tricks für die nächste Schlägerei zu lernen, wird bald aufgeben. Und sich im nächsten Kickbox-Keller einschreiben. Diejenigen, denen es nicht ums blinde Draufhauen geht, werden durchhalten. Solange, bis sie die Leichtigkeit spüren. Dann wollen sie meist gar nicht mehr damit aufhören.

Ich sah in die Reihen und fragte mich, wer von den jungen Männern wohl wiederkommen würde.

Nach zehn Minuten, die sich für die Burschen wahrscheinlich wie Stunden angefühlt hatten, beendete ich die Übung. Ich wollte ihnen zeigen, wie man die Prinzipien praktisch nutzen kann und holte mir einen sehr sportlich wirkenden jungen Mann nach vorne. Ich hielt einen Schlagpolster als Ziel vor sein Gesicht und bat ihn, so schnell wie möglich mit der Faust auf den Polster zu schlagen. Als er startete, zog ich den Polster schnell weg. Er schlug ins Leere. Wir wiederholten das dann noch einige Male, und er schlug immer daneben. Dann gab ich ihm den Schlagpolster und sagte, dass ich jetzt das Gleiche versuchen würde. Er sollte das Ziel wegziehen, sobald ich startete. Ich schlug mit der vorderen Faust. Ganz langsam, fast in Zeitlupe. Trotzdem traf ich.

Die Burschen waren verblüfft. Ich erklärte ihnen, was dahintersteckte. Ihr Kollege hatte sich wirklich bemüht und war blitzschnell. Aber er spannte seine Muskulatur schon an, bevor er mit dem Schlag startete, und in seiner Schulter konnte ich das erkennen. Deshalb war es leicht, den Polster wegzuziehen. Als ich die gleiche Übung vorzeigte, achtete ich darauf, meine Muskulatur zu entspannen und die Bewegung nicht schon vorher anzukündigen. Nur deshalb konnte ich treffen. Selbst wenn ich mich langsam bewegte. Weil ich locker blieb.

Die Burschen waren begeistert. Und verstanden sofort, wie wichtig die Übung des „Stehens" war. Die wollten sie dann gleich wiederholen. Anschließend begann ich die Truppe mit einigen Spielen aufzuwärmen. Es war schön anzusehen: Junge Männer, die vor kurzem noch um ihr Leben fürchteten, liefen durch den Raum und lachten dabei wie unbeschwerte Kinder. Ich lachte mit.

Nach der Gymnastik zeigte ich ihnen die ersten Schritte und Grundtechniken. Und ließ sie zum Schluss noch auf Schlagpolster und Sandsäcke schlagen. Da waren alle mit vollem Einsatz dabei.

Eines hatte mir das erste Training aber schon gezeigt. Die Burschen verstanden kaum ein Wort Deutsch und nur wenige ein paar Brocken Englisch. Vorerst war das auch kein Problem. Es bedurfte keiner Worte.

Die Jungs waren nicht gekommen, um sich philosophische Vorträge über Selbsterkenntnis anzuhören. Sie wollten das Kämpfen lernen. Und ich wusste, dass ich ihnen zeigen konnte, worauf es dabei ankam.

Die wichtigsten Dinge kann man sowieso nicht über die Sprache vermitteln. Man muss sie spüren. Und sie erfahren. Jede Theorie ist nur so viel wert, wie sie in der Praxis anwendbar ist. Das gilt auch für Spiritualität. Es gibt so viele Menschen, die alle esoterischen Bücher gelesen haben, ihre Krafttiere kennen und ihre letzten zwölf Wiedergeburten aufgearbeitet haben. Und trotzdem nichts verstanden haben.

Ich glaube, den Burschen hat es gut gefallen. Nach dem Training kam jeder einzeln zu mir, schüttelte meine Hand und bedankte sich für das Training.

Wir sprachen unterschiedliche Sprachen und verstanden uns trotzdem sehr gut.

Als fast alle den Raum verlassen hatten, sah ich, dass einer noch in der Ecke stand und in Gedanken versunken einige Bewegungen wiederholte. Er war mir schon im Training aufgefallen, weil er sich so bemühte und mich vom Aussehen an einen japanischen Samurai erinnerte. Ich sprach ihn an und er stellte sich mir als Sharif vor. Sharif war groß und drahtig, hatte einen sehr gütigen Blick und strahlte eine unglaubliche Herzlichkeit aus. Er konnte kaum Deutsch. Eine Betreuerin übersetzte, dass er erst seit Kurzem in Österreich war, im Flüchtlingslager lebte und schon immer davon geträumt hatte, ein großer Kampfsportchampion zu werden. Ich freute mich darauf, ihn bald wiederzusehen.

WELCHE FARBEN SCHMECKT DER AUGENBLICK?

Ich sah Sharif gleich beim nächsten Training wieder. Er hatte einen Freund mitgebracht. Beide standen auf, als ich auf sie zuging und boten mir ihren Stuhl an. Ich setzte mich und wir begannen zu plaudern. Sharifs Freund hieß Mostafa, ein quirliger junger Mann mit sehr wachen Augen. Mostafa erzählte, dass er gerade mit der Handelsschule begonnen und viel zu lernen hatte. Mostafa sprach sehr gutes Deutsch, redete mit großer Begeisterung und hörte gar nicht mehr damit auf. Sharif saß still daneben. Ich hörte interessiert zu und fragte Mostafa, woher er und Sharif genau kamen. Da veränderten sich ihre lächelnden Gesichter plötzlich und beide sahen mich mit erstarrter Miene an. Mostafa sprach jetzt viel langsamer, als er erzählte, dass sie beide aus kleinen Dörfern in Afghanistan kamen. Sie gingen dort zur Schule, doch als der Krieg kam, war alles vorbei. Weil sie nicht gerne in die Moschee gingen und auch sonst wenig mit den strengen Dogmen anfangen konnten, wurden sie sogar von eigenen Freunden und Verwandten beschimpft. Und von Taliban bedroht. Sie flüchteten über den Iran und die Türkei nach Griechenland und fanden den Weg bis nach Österreich. Mostafa und Sharif waren gerade erst 18 Jahre alt. Ihre Eltern vermissten sie am meisten. Und die Geschwister.

„So höfliche und engagierte Jungs", dachte ich. Und konnte mir kaum vorstellen, was sie alles durchgemacht haben mussten.

Daran dachte ich auch immer, wenn die anderen Burschen zur Tür hereinkamen. In ihren Sneakers und bunten T-Shirts wirkten sie alle sehr cool und gut gelaunt. Aber jeder einzelne hatte seine eigene Geschichte.

Im zweiten Training waren fast alle wieder dabei. Auch ein paar Neue waren gekommen. Ich zeigte neue Techniken vor und wiederholte die Schläge und Tritte aus der ersten Stunde. Einige übertrieben und schlugen wie wild um sich. Andere schienen eher abwesend.

Ich unterbrach das Training und fragte, was los sei. Die meisten sahen mich nur verwundert an. Mostafa meldete sich zu Wort: „Es fällt mir schwer, mit den anderen zu üben. Die können sich nicht konzentrieren."

„Warum ist das so?", fragte ich. „Na ja, manche müssen sich eben immer beweisen. Und zeigen, dass sie besser sind. Und die anderen trauen sich überhaupt nicht", antwortete er. „Und warum?", fragte ich weiter. Mostafa dachte nach. „Weil sie Angst haben", sagte er ganz leise und blickte dabei traurig zu Boden.

„Wovor haben sie denn Angst?", wollte ich gerade nachhaken, als mir bewusst wurde, wie absurd meine Frage war. Die Burschen kamen aus Kriegsgebieten. Sie hatten Gewalt, Terror, Mord und Bombenattentate unmittelbar miterlebt. Sie hatten Freunde und Angehörigen sterben sehen und waren selbst in ständiger Lebensgefahr. Und ich wollte sie gerade fragen, wovor sie Angst hatten?

Ich bat alle, sich hinzusetzen. Das Thema lag mir am Herzen.

„Ich kann mir gar nicht vorstellen, was ihr alles erleben musstet. Trotzdem kann ich eure Angst verstehen. Aber jetzt seid ihr hier bei mir im Training. Jetzt seid ihr in Sicherheit. Jetzt müsst ihr euch nicht mehr fürchten." Ich versuchte ihnen den Unterschied zwischen Angst und Furcht zu erklären.

„Angst entsteht, wenn wir unmittelbar in Gefahr sind. Dann aktiviert sie unseren ganzen Körper. Und unseren Geist. Manche geraten in Panik. Andere sind starr vor Schreck. In unserem Training werde ich euch zeigen, wie ihr mit Angst umgehen lernt.

Sie als Freund respektiert, der euch beschützt, wachsam hält und zu Dingen befähigt, zu denen ihr ohne Angst gar nicht imstande wärt. Natürlich macht es Angst zu kämpfen. Natürlich spüren wir die Angst, wenn wir in Gefahr sind. Entscheidend ist aber, dass wir Angst und Furcht unterscheiden lernen. Angst ist im Augenblick begründet. Furcht nicht. Man fürchtet sich nur vor etwas, was vielleicht passieren kann und malt sich in Gedanken schon die schrecklichsten Szenarien aus. Doch diese Befürchtungen sind im Augenblick unbegründet und haben mit der tatsächlichen Situation meist nur wenig zu tun. Sie entstehen aus der Zukunft. Oder greifen aus der Vergangenheit nach uns, wenn wir daran denken, was wir schon erlebt haben. Im Augenblick gibt es keine Furcht. Wenn man sich auf den tatsächlichen Augenblick konzentrieren lernt, ist sie weg, die Furcht. Was bleibt, ist die Angst. Und die ist auch wichtig, aber nur sehr selten notwendig. Denn die meiste Zeit denken wir an das, was uns noch vielleicht noch alles geschehen könnte. Oder irgendwann schon passiert ist. Und fürchten uns. Jetzt steht ihr mitten auf der Matte und trainiert gemeinsam. Jetzt ist alles gut. Jetzt seid ihr sicher."

Mostafa übersetzte meinen Monolog und die Burschen verstanden sofort, was ich meinte. Einer meldete sich zu Wort und erzählte, dass er das schon im ersten Training bemerkt hätte. Alle Sorgen waren wie weggeblasen. Das war das erste Mal seit langem gewesen, dass er in der Nacht durchschlafen konnte.

Ich zeigte den Burschen noch ein paar Tricks, wie sie sich jederzeit in den Augenblick versetzen konnten. Eine der besten Methoden ist es, sich den Sinnen zu widmen. Wo immer die Gedanken auch sind, man schmeckt, riecht, hört und spürt das, was jetzt gerade ist. Das bringt einen sofort in die Gegenwart. Und befreit von der Furcht.

Einer der Teilnehmer erzählte, dass er bei seiner Flucht in einem Lastwagen wenig Luft bekam und fürchtete, zu ersticken. Er bekam Panik. Dann versuchte er sich ganz genau auf die Geräusche zu konzentrieren, die er von draußen hörte. Und genau hinzuhören, wenn sie von anderen Autos überholt werden. Das hat ihn damals beruhigt.

Ich war beeindruckt und fügte hinzu, dass man eigentlich überall üben kann. Man kann aufmerksam essen und sich auf das Schmecken konzentrieren. Man kann bewusst hinhören, was um einen vorgeht, genau hinsehen, wo man gerade ist oder genau spüren, wie sich Dinge anfühlen. Dann bringt man seine Aufmerksamkeit in den Moment. Und die Furcht ist sofort weg.

Man kann das auch anders machen. Indem man die Augen schließt und sich die absurde Frage stellt: „Welche Farbe hat mein nächster Gedanke?" Das unterbricht den Gedankenstrom und holt einen in den Augenblick.

Am einfachsten ist es aber, sich auf den eigenen Atem zu konzentrieren. Und auch in brenzligen Situationen weiter zu atmen. Denn wenn einem der Atem vor Angst stockt, lähmt das den ganzen Körper. Atme dann einfach weiter. Das hält dich wach und handlungsfähig. Dazu braucht man sich nicht im Yoga zu verrenken und bei exotischen Atemübungen zu hecheln, als würde man gerade einen Defibrillator brauchen. Die Meisterübung aller Atemtechniken ist für mich immer noch, einfach weiter zu atmen.

Einer der Burschen zeigte auf. Er stellte sich als Ismael vor und sagte, dass er genau wusste, wovon ich sprach. Nach einem Bombenanschlag auf sein Haus war er als 15-Jähriger unter den Trümmern verschüttet gewesen und hatte Angst zu ersticken. Ismail wurde gerettet und litt seither an schwerem Asthma. Beim Training an den Schlagpölstern wurde es noch schlimmer – da bekam er überhaupt keine Luft mehr. Der Klang, wenn die Schläge und Tritte auf die Pölster knallen, erinnerte ihn an Maschinengewehre. Und versetzte ihn in Schock. Er wollte jetzt noch mehr auf das gleichmäßige Atmen achten. Dann würde es sicher besser werden.

Wir trainierten weiter und die Burschen konnten sich gleich viel besser konzentrieren. Sie atmeten. Und sie lachten.

BRUCE LEE
LACHT LIEBER

Wir trainierten nun schon einige Wochen und die Jungs machten große Fortschritte. Die meisten waren sehr geschickt, was wahrscheinlich auch daran lag, dass sie als Kinder viel draußen gewesen waren. Mit anderen Kindern spielten, über Pfützen hüpften und auf Bäume kletterten. Die meisten hatten viele Geschwister. Da wurde manchmal auch gerangelt.

Unsere Kinder haben es da viel schwerer. Wenn die Kinder nicht allein nach draußen gehen dürfen und die Eltern zu wenig Zeit haben, ist das auch kein Wunder. Manche Eltern kümmern sich auch zu viel. Und berauben ihre Kinder so mancher wichtiger Bewegungserfahrung, die mit einem bunten Pflaster schnell vergessen ist. Deshalb achten wir schon im Kindertraining auf die Vielfalt der Übungen. Anstatt einzelne Techniken endlos zu wiederholen und sie regelrecht einzuschleifen, sollen die Kinder lieber möglichst viele verschiedene Bewegungen kennenlernen. Dann können sie ihr Leben lang darauf zurückgreifen.

Das gilt fürs Erwachsenentraining genauso. Und unterscheidet Shinergy vom strengen Drill der asiatischen Kampfsportart. Im Karate, Kung Fu und im Taekwondo werden die Techniken genau vorgegeben und rigide wiederholt. Je genauer man die vorgegebene Bewegung nachmachen kann, umso dunkler färbt sich der Gürtel. Abweichungen sind nicht gerne gesehen. Ist der eigene Gürtel dann schwarz, zeigt das, dass man alle Schablonen beherrscht. Und die Blocks, Schläge und Tritte wie ein Roboter abspulen kann. Argumentiert wird damit, dass man die Technik dann auch im Notfall anwenden kann. Wie ein Reflex.

So ein Blödsinn. Ein Reflex läuft immer gleich ab. Im Kampf wie auch im Leben kommt es aber zweitens immer anders als man erstens denkt. Jede Situation ist neu, jeder Augenblick einzigartig. Das Auswendiglernen von Standardreaktionen bringt einfach nichts. Die Größe des Angreifers, der tatsächliche Angriff und die Umgebung – alles ist in der Realität ganz anders, als man das im Training geübt hat. Das musste ich schon sehr früh erkennen. Ich war damals dritter Grad Schwarzgurt im Taekwondo und beherrschte alle Techniken auswendig. Bei Prüfungen zeigte ich das in vorgegebenen Choreografien, den sogenannten Formen. Und bekam dafür Höchstnoten. Die Trunkenbolde, mit denen ich es damals als Türsteher einer großen Diskothek zu tun hatte, schien das wenig zu beeindrucken. Die Techniken funktionierten nicht. Meist rettete ich mich nur mit fiesen Tricks aus den ländlichen Zeltfesten meiner Jugend.

Deshalb unterrichte ich das ständige Variieren der einzelnen Abwehr- und Kontertechniken. Ich gebe die grundlegende Technik zwar vor und zeige auch, welche Prinzipien dabei wichtig sind. Die konkrete Ausführung ergibt sich aber immer erst aus der tatsächlichen Situation.

Im Training versuchte ich den Burschen daher immer wieder neue Aufgaben zu stellen. Manche waren sehr spielerisch und die Burschen hatten großen Spaß. Ich zeigte ihnen die ersten Schläge und Tritte und ließ sie dann an Schlagpolstern üben. Der Partner sollte die Schlagpolster dabei aber ständig bewegen und immer wieder das Ziel verändern. Die Jungs lachten, improvisierten ständig und trafen das Ziel.

Einer fiel mir dabei besonders auf. Ismail war der Kleinste und hatte immer ein verschmitztes Lächeln im Gesicht. Im Training schien er sich in Bruce Lee zu verwandeln. Er stieß wilde Kampfschreie aus, bewegte sich blitzschnell und trickste, was das Zeug hält. Aus jeder Situation schien er noch etwas zu machen und konnte allen Angriffen gewandt ausweichen. Seine Partner überraschte er mit spektakulären Manövern und Sprüngen.

Ismail hatte etwas Besonderes. Er hatte Spielwitz.

Spielwitz ist für mich die Fähigkeit, aus jeder Situation das Beste zu machen und hat sehr viel mit Kreativität, Humor und Flexibilität zu tun. Anstatt immer nur mit den gleichen stereotypen Reflexen und angelernten Mustern zu reagieren, scheint jemand mit Spielwitz eine unendliche Vielfalt an Reaktionen zu kennen und kann immer auf die jeweilige Situation eingehen. Das wirkt oft sehr spielerisch und leicht. Im Kampf ist das wichtig. Muhammed Ali wusste das. Doch auch im Alltag ist das essenziell. Das wird uns spätestens nach der Schule klar. Mussten wir dort alles auswendig lernen, um gute Noten zu bekommen, merken wir im Beruf sehr schnell, dass es dort auf ganz andere Dinge ankommt. Dort ist Flexibilität gefragt. Und Humor. Dort gilt es, unsere Fähigkeiten anzuwenden, so wie es die jeweilige Situation erfordert. Deshalb sind erfolgreiche Menschen meist auch sehr kreativ. Und sehen in jeder ausweglosen Situation noch eine Chance. Auch wenn sie sich in der Schule meist schwertaten. Die Streber aus der ersten Reihe haben später jedenfalls meist langweilige Jobs.

Spielwitz gibt uns auch die Möglichkeit, unsere Rolle zu wechseln. Wenn die fromme Nonne „Mensch ärgere dich nicht" spielt und mit teuflischem Lachen ihren Gegner rausschmeißt, wenn der schüchterne Nerd ein Tor schießt und wie ein Sexgott jubelt. Dann haben sie Spielwitz. Und können sein, wer immer sie gerade sein wollen.

Ismail war im Training eben Bruce Lee. Und wir liebten ihn dafür.

ANGST KENNT
KEINE TRÄNEN

Wir liebten Ismail aber nicht nur, weil er so gewitzt kämpfte. Er war sehr freundlich, immer gut aufgelegt und unterhielt mit seinen Streichen die ganze Truppe. Gleichzeitig war er ein echter Checker und übernahm gerne das Kommando. Das wurde mir auch klar, als ich ihm einen ersten Job vermittelte. Ein Bekannter veranstaltete damals einen Ball und suchte drei Burschen, die in der Gastronomie helfen sollten. Ismail meldete sich und ich wollte nach Mitternacht nachsehen, wie sich die Burschen dort machten. Zwei Jungs traf ich hinter der Veranstaltungshalle, wo sie gerade Getränkekisten auf eine Scheibtruhe aufluden, um sie zur Bar zu bringen. Und wo war Ismail? Den traf ich an der Bar. Dort tanzte er lachend hinter dem Tresen herum und schien alles unter Kontrolle zu haben. Bestimmt wies er die anderen Mitarbeiter an, was sie zu tun hatten und scherzte unterdessen mit den Gästen vor der Bar. Kein Zweifel: Ismail war der Barchef.

Dass sich hinter dem sonnigen Gemüt auch eine tiefe Trauer verbarg, erfuhr ich erst später.

Ich bot Ismail an, ihn nach dem Training nach Hause zu bringen und am Weg noch eine Cola zu trinken. Ich wollte ein wenig plaudern und wissen, was ihn gerade beschäftigte.

Ismail erzählte mir seine Geschichte. Als Kind ist er in Kabul aufgewachsen und musste schon als Siebenjähriger täglich zwölf Stunden lang in einer Küche schuften. Neben der Schule, wo er gemeinsam mit sechzig anderen Kindern in der Klasse saß.

Sein Vater war Fahrer für die EU-Vertretung in Kabul und Ismail wuchs gemeinsam mit fünf jüngeren Geschwistern auf. Die Familie hatte ein eigenes Haus und führte ein verhältnismäßig gutes Leben. Dann kam der Krieg. Und die Bomben. Das Haus wurde zerstört und Ismail unter den Trümmern begraben. Terror-Milizen bedrohten seinen Vater, der als Kommunist kein Teil der radikal-islamistischen Gemeinschaft sein wollte. Der Vater verkaufte das Auto, gab Ismail das Geld und sagte, dass er gehen musste, um zu überleben. „Zu 99 Prozent wirst du es nicht schaffen und dabei sterben. Aber hier wirst du das mit Sicherheit. Geh fort und finde ein besseres Leben, mein Sohn", waren seine Worte beim Abschied. Ismail ging lange. Drei Monate zu Fuß durch Pakistan und den Iran. Bis in die Türkei. Dann bezahlte er Schlepper und wagte die nächtliche Überfahrt nach Griechenland in einem Schlauchboot. Das Boot kenterte zweimal und Ismail schwamm im offenen Meer um sein Leben. Schwimmen konnte er aber gar nicht. Ein Freund hielt ihn mit letzter Kraft über Wasser. Beim dritten Versuch schaffte Ismail die Überfahrt und kam über die Balkanroute bis nach Österreich. Er fand einen Platz im Flüchtlingslager Traiskirchen, arbeitete dort in der Küche und lernte seine zukünftigen Pateneltern kennen. Ein Jahr später erfuhr er, dass IS-Milizen seinen Bruder Omar entführt hatten und Lösegeld von seinen Eltern erpressten.

Ich hatte Tränen in den Augen, aber Ismail schien sehr gefasst. Er zitterte zwar, versuchte das aber vor mir zu verstecken. Als ich ihn darauf ansprach, meinte er, dass er immer stark sein wollte. So wie ich. Ich nahm ihn in den Arm. Dann weinten wir beide.

Angst versetzt uns in einen permanenten Schockzustand. Da kann man nichts mehr spüren. Wenn man dann auch noch glaubt, immer stark sein zu müssen und keine Emotionen zeigen zu dürfen, wird die Sache bedrohlich. Die Angst baut immer mehr Druck auf und bricht irgendwann hervor. Ich glaube, dass es für Ismail damals sehr erleichternd war, mich auch weinen zu sehen.

Während Ismail die Trauer mit seiner Frohnatur kaschierte, gingen andere ganz anders damit um. Sharif zum Beispiel war eher in sich gekehrt und still. Ich kann mich noch gut an einen anderen Jungen erinnern. Er kam immer ins Training, aber irgendwann fragte ich mich, warum er das tat. Während des Unterrichts stand er nur teilnahmslos herum und blickte abwesend ins Leere. Meine Erklärungen schienen ihn nicht zu interessieren und schön langsam ärgerte ich mich darüber. Wie sehr ich mich auch bemühte, der junge Mann hörte einfach nicht zu und machte immer alles falsch. Während die anderen immer besser wurden, taumelte er nur unbeholfen herum und schaffte nicht einmal die einfachsten Übungen. Vielleicht wollte er einfach nichts lernen. Eines Tages sprach er mich nach dem Training in der Garderobe an. Er entschuldigte sich bei mir und erzählte, dass er unter schweren Depressionen litt, seit seine ganze Familie im Krieg ums Leben gekommen war. Ein Psychologe im Flüchtlingsheim hatte ihm verschiedene Medikamente verschrieben, aber die machten ihn sehr müde und schwindelig. Die größte Freude, die er hatte, war das Training, und er bat mich, ihn nicht rauszuschmeißen. Er werde sich ab nun noch mehr bemühen. Ich versuchte ihn zu motivieren und sagte, dass wir das alles hinbekommen. Haben wir leider nicht. Irgendwann kam der Junge nicht mehr ins Training und ich erfuhr von den anderen, dass er sich das Leben genommen hatte. Im Flüchtlingsheim hatte er sich aus dem vierten Stock gestürzt. Er war sechzehn Jahre alt.

Ich durfte nie vergessen, dass ich hier schwer traumatisierte Menschen trainierte. Jugendliche und junge Männer, die Schreckliches erlebt hatten. Die nur knapp mit dem Leben davongekommen waren und ihre Heimat, ihre Familien und ihre Freunde zurücklassen mussten. Jetzt lebten sie in einem fremden Land, wohnten in Flüchtlingsheimen und verstanden weder unsere Sprache noch unsere Gebräuche. Umso mehr bewunderte ich die Burschen. Für ihre Zuversicht und Hoffnung. Und stellte mir die Frage, warum es mir selbst oft so schlecht ging, wo andere doch weitaus Schlimmeres erleben mussten. „Weil sie leiden dürfen", sagte mir ein Psychotherapeut, der wusste, dass ich als Kind mein Leid hatte verheimlichen müssen. „Man ist nur solange Opfer, solange man schweigt." Ich traf mich jetzt auch immer öfter außerhalb des Trainings mit einzelnen Teilnehmern und hörte ihnen zu. Wir redeten, lachten und weinten. Manchen gab ich die Nummer von Therapeuten, die auf traumatische Erlebnisse spezialisiert waren. Und vereinbarte mir gleich selbst einen Termin.

KÄMPFEN WIE
EIN MÄDCHEN

Die traumatischen Erlebnisse zeigten sich aber nicht nur in Lethargie oder überspielender Frohnatur. Sie spiegelten sich auch oft in den Körpern der Burschen wider. Viele waren sehr angespannt und hatten bei der Dehngymnastik starke Schmerzen.

Besonders deutlich wurde das, als ich den Jungs die ersten Abwehrtechniken zeigte. Ich wies sie darauf hin, wie wichtig es dabei ist, die Kraft des Gegners zu nützen und dass ein hartes Abblocken des Angriffes keinen Sinn macht. Vor allem, wenn der Angreifer stärker ist. Die sogenannte „weiche Abwehr" leitet die gegnerische Kraft hingegen elegant an uns vorbei und der Gegner verliert die Balance. Das funktioniert im Ernstfall.

Im Training funktionierte das aber überhaupt nicht. Viele stemmten sich mit ganzer Kraft gegen die Angriffe und wehrten mit harten und schmerzhaften Blocktechniken ab. Je mehr sie sich bemühten, umso schlimmer wurde das.

Ich wollte nicht aufgeben. Immer wieder baute ich Übungen zur Auflockerung ein. Und zeigte vor, wie man durch Entspannung und Weichheit effektiv auf einen Angriff reagiert. Ich demonstrierte, wie man einen Schlag an sich vorbei leitet und den Angreifer ins Leere laufen lässt. Viele sahen mir dabei nur ungläubig zu. Ich konnte ihnen das auch nicht verübeln. Nicht nur unsere westliche Leistungsgesellschaft fördert ständigen Konkurrenzkampf, übertriebene Härte und starke Ellbogen. Die Burschen waren gerade einmal der Pubertät entwachsen und stammten allesamt aus einer Umgebung, wo Härte immer auch für Stärke und Männlichkeit steht. Und Weichheit mit Schwäche gleichgesetzt wird. Der Härtere siegt.

Dann hatte ich eine Idee: Ich lud Mareike ins Training ein. Mareike war eine tolle Kämpferin, die schon lange bei uns trainierte. Sie wog kaum mehr als fünfzig Kilo, war viel kleiner als die Burschen und angehende Ärztin. Sie war aber auch Shinergy-Trainerin und mehrfache Staatsmeisterin im Kickboxen.

Die Burschen schauten verdutzt, als Mareike den Raum betrat. In ihrer Heimat war der Kontakt zu Frauen sehr eingeschränkt. Die Männer gingen arbeiten und saßen danach gesellig zusammen. Die Frauen saßen zu Hause und hüteten die Kinder. Alles war streng getrennt. An gemeinsames Sporttreiben war gar nicht zu denken.

Mareike war das egal. Sie trainierte mit und mischte die Burschen nach Strich und Faden auf.

Die staunten nicht schlecht. Eine junge Frau, die viel kleiner war. Und viel besser. Eine Frau, die jedem Angriff elegant ausweichen konnte, bevor sie ihre Partner mit blitzschnellen Schlag- und Kicktechniken eindeckte. Keiner hatte eine Chance.

Für manche war das augenöffnend. Andere konnten nur schwer über ihren Schatten springen. Es war ihnen richtig peinlich. Einen fragte ich, warum er sich so schwertat, mit Mareike zu kämpfen. „Ich schäme mich. Weil sie viel besser ist als ich", war seine Antwort, die das Problem auf den Punkt brachte. Später erfuhr ich, dass es den Burschen in ihren Herkunftsländern verboten war, Frauen in die Augen zu schauen. Deshalb blickten sie immer weg. Und meinten es gar nicht abwertend.

Ab und an kamen auch junge Frauen ins Training. Geflüchtete Mädchen aus Afghanistan und Syrien, die den Mut hatten, in einer gemischten Gruppe zu trainieren. Mareike gab ihnen sogar Privatstunden, um ihnen den Einstieg zu erleichtern. Die Mädchen kamen mit dem gemischten Training aber nur schwer zurecht. Nur wenige blieben.

HEISSE LUFT
ALS RÜCKENWIND

Es kamen immer wieder neue Burschen ins Training. Wie Ali
Reza und Abbas. Ali Reza war aus Afghanistan geflüchtet und
wohnte gemeinsam mit Sharif im Flüchtlingsheim. Sharif hatte
ihn dort beim Schattenboxen im Park getroffen und ins Training
eingeladen. Abbas stammte aus dem Irak und hatte bereits Asyl in
Österreich. In Wien lernte er eine liebevolle Frau kennen, heira-
tete und arbeitete als Fahrradmechaniker. Beide Männer waren
außerordentlich bescheiden und hielten sich im Training meist
im Hintergrund. Dass sie später für eine echte Sensation sorgen
sollten, wusste ich damals noch nicht. Dass sie etwas ganz Besonderes an sich hatten, war mir aber sofort klar. Ali Reza war ein
großgewachsener und schlanker Kerl mit feinen Gesichtszügen.
Er wirkte zwar eher schüchtern, aber die Burschen hatten großen
Respekt vor ihm. Wenn Ali Reza sprach, hörten alle zu.

Abbas war kleiner, sehr gewandt und blitzschnell. Sein locki-
ges Haar fiel ihm bei den Übungen immer ins Gesicht und ver-
deckte sein herzliches Lächeln. Abbas wirkte sehr klug, in sich ru-
hend und äußerst bedacht. Beide waren immer sehr höflich und
hilfsbereit.

So vergingen die ersten Monate unseres Trainings, und langsam bekamen immer mehr Menschen davon mit. Vor allem unsere Mitglieder, die uns durch die großen Scheiben des Trainings-
raumes zusahen. Und einige meiner Freunde, denen ich begeistert
von den Jungs erzählte. Die meisten fanden das gut und boten

gleich ihre Unterstützung an. Manche waren eher skeptisch und fragten mich, ob ich nicht Angst hätte, Mitglieder zu verlieren. Hatte ich nicht. Dazu kannte ich meine Mitglieder viel zu gut. Authentische und weltoffene Menschen aus allen Himmelsrichtungen waren das, die ihr Leben voll im Griff hatten und sehr achtsam miteinander umgingen. Die Atmosphäre in meinem Zentrum war trotz der Größe sehr familiär. Darüber war ich froh.

Auch die Presse wurde auf uns aufmerksam. Ich freute mich zuerst noch über den Besuch einer renommierten Journalistin der Tageszeitung Kurier. Sie veröffentlichte einen ganzseitigen Artikel über die Freedom Fighters. Der wurde auch online veröffentlicht und war äußerst positiv. Die Kommentare darunter waren es nicht.

Es hagelte Beschimpfungen und rassistische Aussagen, die ich hier nicht wiederholen möchte. Ich bekam damals viele E-Mails, darunter Morddrohungen und das ganze Spektrum an rechter Wut und Hass. Meist versuchten die Absender gar nicht erst, ihre Identität zu verbergen. Ich konnte sie auf Facebook leicht finden.

Völlig unscheinbare Zeitgenossen waren das. Männer aus gutem Haus und Familienväter mit angesehen Berufen, die in ihren weihnachtlich geschmückten Reihenhäusern am Land lebten. Na die waren mir die Allerliebsten. Haben alles und nichts Besseres zu tun, als auf Schwächere herabzublicken. Zumindest an den Tasten ihres Computers, zwischen ihren Ausflügen zu Toys „R" Us und Youporn. Die gefährlichsten Rassisten kommen eben nicht in Springerstiefeln und mit kur zgeschorenem Kopf daher. Meist besuchen sie gute Schulen, haben tolle Jobs und tarnen sich eloquent mit Krawatte und Fönfrisur. Manche versammeln sich dazu auch in infantilen Männerbünden, um biergeschwängert aus ihren deutschen Liederbüchern zu lallen. Andere suchen ihre Identität in namensgleichen Feriencamps für verhaltensauffällige Gymnasiasten.

Einige schaffen es bis an die Spitze. Und lassen uns als hochbezahlte Politiker an ihrem scheinheiligen Mitgefühl für Menschen im Gemeindebau teilhaben. Dass ich von solchen Leuten keinen Applaus zu erwarten hatte, war mir schon am Anfang klar. Ich wunderte mich eigentlich schon, warum die solange brauchten.

Dann war es aber soweit: Harald Vilimsky, seines Zeichens immerhin EU-Parlaments-Vertreter und FPÖ-Generalsekretär, fühlte sich bemüßigt, in einem Posting auf unser Projekt einzugehen:

„Fast jeden Tag Übergriffe von Asylwerbern auf Österreicher und dann gibt es noch kostenloses Kampftraining. Wie absurd ist das denn?", schrieb er auf seiner offiziellen Seite als Politiker und untermauerte seine Weltsicht noch mit einem Link zu einem TV-Bericht über unser Training.

Bisher ging ich auf solche Kommentare und Drohungen gar nicht ein. Jetzt schon.

Herr Vilimsky, der sich weder für die Inhalte unseres Trainings interessierte noch sich damit auseinandergesetzt hatte, brachte die Burschen mit schweren Straftaten und Gewaltverbrechen in Verbindung. Das ging zu weit. Ich konterte mit einer längeren Klarstellung auf Facebook, wies auf die Verleumdung hin und forderte Vilimsky zum Rücktritt auf. Ich wollte ihn damals sogar verklagen. Zurückgetreten ist Vilimsky nicht. Und weil mir meine Rechtschutzversicherung eine Absage erteilte, verzichtete ich auf eine Anzeige. Das konnte ich mir nicht leisten.

Machte aber nichts. Der große Zuspruch war es damals wert. Meine Entgegnung wurde tausendfach geteilt, viele Menschen stimmten zu und Medien berichteten darüber. Sogar die deutsche Wochenzeitung Die Zeit schickte einen Journalisten nach Wien und veröffentlichte einen großen Artikel. Mit so viel Aufmerksamkeit hatten wir nicht gerechnet.

Die Jungs konnten sich aber nicht freuen. Manchen ging es sogar sichtlich schlecht. Sie nahmen die Kritik sehr persönlich und hatten große Angst, dass unser Training nicht mehr weitergehen würde. Ismail schrieb mir damals: „Das ist alles unsere Schuld,

Ronny. Jetzt hast du so viele Probleme. Bitte verzeih uns.", schrieb er mir. „Ist überhaupt kein Problem, Isi", antwortete ich. „Jetzt können wir erst recht zeigen, was wir draufhaben."

Ich war voll motiviert. Und versuchte die Jungs zu beruhigen. Außerdem wusste ich, dass dies ein gutes Beispiel für die weiche Abwehr sein konnte. Anstatt aggressiv dagegen zu halten und Herrn Vilimsky zu verklagen, konnten wir sachlich argumentieren, zeigen, was wir in Wirklichkeit machten und die verbalen Angriffe an uns abgleiten lassen. Wir konnten sie sogar nützen und Aufmerksamkeit für unser Projekt gewinnen. Ich müsste aber lügen, würde ich behaupten, ich hätte diese Strategie damals so geplant. Das ist intuitiv passiert, hat aber tadellos funktioniert. Und war eine gute Gelegenheit, ein ganz anderes Thema anzusprechen.

Wenn wir „Ich" sagen, bezeichnen wir damit nämlich nur einen kleinen Ausschnitt unserer ganzen Persönlichkeit, unseres „Selbst", wie ich es nenne. In dieses „Ich" packen wir dann alles, was bei anderen gut ankommt und Applaus mit sich bringt. Von den Eltern, von Freunden und den Menschen, nach deren Liebe und Anerkennung wir uns sehnen. Was wir da reinpacken, ist natürlich immer auch von der Gesellschaft abhängig, in der wir aufwachsen, und deren Werten. Mit diesem konstruierten „Ich" spazieren wir dann durchs Leben. Und verteidigen es vehement gegen alles, was nicht dazugehört. Gegen das „Nicht-Ich", gegen das „Du". Das beginnt schon sehr früh. Spazieren wir als Kinder noch unbeschwert durch die Welt und wundern uns über „einen" bunten Garten, „eine" Sandburg oder „ein" Fahrrad, wird es irgendwann zu „mein" Garten, „deine" Sandburg und „mein" Fahrrad, das es am Spielplatz zu verteidigen gilt. Das setzt sich später fort. Dann ist es eben „mein Fußballverein", „meine" Partei und „meine" Meinung.

Und die Ursache zwischenmenschlicher Konflikte nimmt ihren Lauf. Das „Ich" kämpft gegen alles, was nicht dazugehört. Und fürchtet sich davor.

Ironischerweise erkennt man solche Defizite der eigenen Persönlichkeit immer auch in dem, was einen an anderen Menschen besonders stört und aufregt.

Jetzt war ich beim Thema. Ich erklärte den Burschen, dass es Menschen gibt, die sich vor Fremden fürchten. Das läge wahrscheinlich daran, dass es ihnen so gut geht, dass sie alles haben und insgeheim wissen, gar nicht viel dazu beigetragen zu haben. Die meisten hatten das Glück, in einem Land geboren worden zu sein, in dem ihnen alle Möglichkeiten offenstanden. Wo sie in Frieden und im Wohlstand aufgewachsen sind, von den Eltern finanziell unterstützt und in gute Schulen chauffiert wurden.

Und wenn sie dann auf junge Männer treffen, die dieses Glück nicht hatten und sich mit Fleiß und Mut ihr eigenes Leben aufbauen wollen, dann führt ihnen das nur die eigenen Privilegien vor Augen. Die sie sich nie verdienen mussten. Und sich deshalb so davor fürchten, sie zu verlieren oder sie teilen zu müssen. Das macht ihnen Angst. Und ihre Angst macht sie wütend.

„Daran sollt ihr immer denken, wenn ihr mit Vorurteilen und fremdenfeindlichen Angriffen konfrontiert seid", erklärte ich den Burschen. Mostafa übersetzte. Und ich freute mich, dass Herr Vilimsky so einen anschaulichen Beitrag zu meinem Unterricht geleistet hatte.

MUT ZUR MENSCHLICHKEIT

Meine Abneigung gegenüber Fremdenfeindlichkeit und der FPÖ konnte und wollte ich nicht verheimlichen. Ich ging weiterhin zu Demos und nahm vor der Nationalratswahl mit einem Freund einen Rap-Song gegen Rassismus und für Zivilcourage auf. „Stand Up!" hieß der, und wir wollten ihn im legendären Diskoclub U4 präsentieren. Auf meine Einladung folgten viele Gratulationen. Gekommen sind aber nur wenige. Viele meinten, dass sie gern gekommen wären und der gleichen Meinung seien. Sie wollten sich aber keinesfalls öffentlich dazu bekennen. Sonst bekämen sie vielleicht Schwierigkeiten.

Die Burschen aus dem Training, Mitglieder und einige Freunde waren aber natürlich dabei, um gegen Rassismus und für Zivilcourage aufzustehen. Sie tanzten und unterhielten sich.

An dieses Bild musste ich später immer wieder denken. Wenn ich wieder einmal von den sogenannten „Gutmenschen" und „Willkommensklatschern" las, die von populistischen Medien gerne als weltfremde und verträumte Spinner dargestellt wurden. Die Menschen im U4 waren alles andere als weltfremd. Schon gar nicht verträumt oder Spinner. Das waren Männer und Frauen, die mit beiden Beinen fest im Leben standen. Und sich für Schwächere einsetzten, die weniger Glück im Leben hatten.

Ich habe in den letzten Jahren viele couragierte Menschen kennengelernt. Die sich aktiv in der Flüchtlingshilfe engagierten, Angekommene mit Kleidung und Essen versorgten oder sogar einen geflüchteten Menschen bei sich aufgenommen hatten. Niemand davon war weltfremd. Alle waren authentisch.

Manche standen dabei im Rampenlicht. Blitzgescheite und reflektierte Menschen, die als Topmanager jedem Konzern vorstehen konnten. Und sich viel lieber in schlechter bezahlten Jobs gemeinnütziger Organisationen engagierten.

Andere blieben lieber im Hintergrund. Halfen bei Spendenaktionen, Kundgebungen oder einfach dadurch, dass sie in sozialen Medien unermüdlich für Menschenrechte eintraten. Ich war von solchen Menschen immer schon fasziniert. Von ihrer inspirierenden Lebensfreude, Courage und positiven Ausstrahlung. Diese Menschen hatten es scheinbar nicht nötig, sich fremdbestimmten Rollenklischees oder parteipolitischen Slogans zu unterwerfen. Sie nahmen sich die Freiheit, so zu sein, wie sie waren. Deshalb konnten sie es wahrscheinlich auch anderen zugestehen.

Vor allem aber übernahmen sie Verantwortung. Für sich, ihr eigenes Leben und für Schwächere. Ich glaube, das hat ihnen Kraft gegeben. Kraft schafft Verantwortung. Offensichtlich gilt das auch umgekehrt.

Was sie von hasserfüllten Tastaturhelden und fremdenfeindlichen Kleingeistern unterschied, war ihr Mut, nach vorne zu schauen. Sich nicht ängstlich an die Vergangenheit zu klammern, die Veränderung anzunehmen und sich dem Fremden zu öffnen. Das ließ sie strahlen

Trotzdem stellte ich mir die Frage, warum mich Fremdenhass und Intoleranz immer noch so aufregten und ob das meinen Idealen zur friedlichen Konfliktlösung widersprach. Die Antwort fand ich im Toleranz-Paradoxon des Philosophen Sir Karl Popper. Der schrieb: „Uneingeschränkte Toleranz führt mit Notwendigkeit zum Verschwinden der Toleranz. Denn wenn wir die uneingeschränkte Toleranz sogar auf die Intoleranten ausdehnen, wenn wir nicht bereit sind, eine tolerante Gesellschaftsordnung gegen die Angriffe der Intoleranz zu verteidigen, dann werden die Toleranten vernichtet werden und die Toleranz mit ihnen."

Das befreite mich von meinen Zweifeln. Selbstverständlich muss man gegen Intoleranz und Fremdenfeindlichkeit aufstehen. Und für die Freiheit kämpfen. Immer und überall. Man begreift die eigene Freiheit dann auch in der Verantwortung, sie anderen zuzugestehen. Das hat überhaupt nichts mit links, rechts oder irgendwelchen Parteibüchern zu tun. Dabei geht es um die Grundwerte der Menschenrechte. Es geht ums Leben. Und dafür lohnt es sich immer zu kämpfen.

KAMPF UMS LEBEN

Meine Freedom Fighters waren hochanständige Burschen. Sie waren ausgesprochen höflich, zeigten gutes Benehmen und gingen sehr rücksichtsvoll miteinander um. Darauf legte ich von Anfang an großen Wert. Ich achtete besonders auf Pünktlichkeit, Konzentration und den respektvollen Umgang mit dem Trainingspartner. Weil ich wusste, dass ich eine große Verantwortung hatte. Die Burschen hatten das auch.

Ich erklärte ihnen das an einem Beispiel: „Die Techniken, die ich euch zeige, sind dazu da, Leib und Leben zu schützen. Zur Selbstverteidigung. Sie können einen Angreifer stoppen, außer Gefecht setzen und schwer verletzten. Deshalb muss man sehr achtsam mit ihnen umgehen. Dann werden sie euch wappnen und euch Sicherheit schenken. Wie ein Messer. Ein Messer ist weder gut noch schlecht. Es kommt nur darauf an, wie man es verwendet. Ein Messer kann viel Leid bringen. Und es kann dich beschützen. Man kann mit einem Messer jemanden anderen verletzen, oder ihm ein Stück von seinem Apfel abschneiden."

Jeder hat das verstanden.

Für mich ist das auch die einzige Rechtfertigung meines Unterrichts. Jemandem zu zeigen, wie er andere fertigmacht, erscheint mir wertlos. Und trotzdem unterrichte ich Schlag- und Tritt-Techniken auf sensible Punkte des menschlichen Körpers. Auf den Hals, die Augen, die Genitalien, Schläfen und die Knie. Techniken, die den Angreifer im Notfall stoppen und zum schnellen K.O. oder schwersten Verletzungen führen. Entscheidend ist der achtsame Umgang. Wie man sie anwendet. Warum man sie anwendet. Und wann.

Sind unser Leib und Leben oder das eines anderen Menschen unmittelbar in Gefahr, wird es zur Selbst-Verteidigung. Und ist auch vom Gesetz her gerechtfertigt.

In den meisten Kämpfen, die ich in meinem Leben gesehen habe, ging es aber weder um Leib noch ums Leben. Schon gar nicht um ein „Selbst". Es ging meist nur um das eigene „Ego", um sich beweisen müssen, oder um schöne Frauen. Auf solche Kämpfe kann ich getrost verzichten.

Auch weil ich aus eigener Erfahrung weiß, dass man so einen Kampf gar nicht gewinnen kann. Entweder man verliert und ist im besten Fall nur verletzt. Oder man gewinnt und verletzt den anderen. Dann glaubt man sich vielleicht noch für kurze Zeit bestätigt. Aber spätestens, wenn man allein nach Hause geht, fühlt man sich elendig. Weil man genau weiß, dass es völlig unnötig war. Und vermeidbar.

Einen Kampf zu vermeiden ist für mich das höchste Ziel. Und der schnelle Sprint immer noch die beste aller Selbstverteidigungen. Wenn du ernsthaft attackiert wirst, dann hau ab und lauf um dein Leben. Kämpfe nur, wenn das nicht mehr geht und dein Leben in Gefahr ist.

In der Gefährlichkeit der Techniken liegt zugleich aber auch ihr größter Wert. Nicht nur zur eigenen Sicherheit. Vor allem im achtsamen Umgang, der ein hohes Maß an Rücksicht und Einfühlungsvermögen voraussetzt. Darauf wollte ich immer achten. Und die Burschen achteten gut aufeinander.

Natürlich kamen auch andere. Die gibt es immer, und wenn ich eine Gruppe von Brillenträgern, Briefmarkensammlern oder Niederösterreichern trainiere, müsste ich mich wohl auch damit auseinandersetzen.

Es kamen auch junge Männer ins Training, die sich überhaupt nicht an die Regeln hielten. Sie kamen ständig zu spät, waren im Training viel zu aggressiv und störten den Unterricht.

Manchmal musste ich jemanden sogar vom Unterricht ausschließen. Das kam aber sehr selten vor. Grund dafür ist sicherlich auch der Rahmen unseres Trainings. Meditation, Stehen und präzises Üben der Grundtechniken. Bis jemand die Anwendung dieser Techniken lernt, vergeht viel Zeit. Da braucht es Geduld. Hitzköpfe haben die nicht. Aber auch der aufmerksame Umgang miteinander ist wichtig. Man stoppt rechtzeitig seine Schläge und verbeugt sich nach jeder Übung.

Einer jedoch verbeugte sich nie. Als ich ihn darauf ansprach, meinte er, dass er sich bestimmt nicht vor anderen Menschen verbeuge. Nur vor Gott. Das schreibe ihm seine Religion vor. Ich ging dem nach und fand heraus, dass es im Islam selbstverständlich erlaubt ist, sich voreinander zu verbeugen. Nur kleinere Glaubensgemeinschaften legen das anders aus.

In unserem Training ist das unumgänglich. Den jungen Mann sah ich nie wieder. Ich hoffe dennoch, dass er irgendwann wiederkommt.

Ein anderer nahm sich heimlich einfach eine Trainingshose aus meinem privaten Spind. Ich verwies ihn des Trainings und sagte, dass er erst in drei Monaten wiederkommen darf. Er kam wieder. Und wischt nach dem Training jetzt immer die Matten auf.

Unterstützung bekam ich auch von Trainern und Mitgliedern unseres Zentrums. Die nahmen die Burschen freundlich auf, spendeten Geld in die aufgestellten Boxen am Eingang und brachten den Burschen öfter Sportkleidung mit.

Die anderen Trainer jedenfalls freuten sich, wenn ich einmal verhindert war und sie meine Stunden vertreten mussten. Nach einigen Monaten lud ich einige Jungs dazu ein, in unseren regulären Kursen für fortgeschrittene Mitglieder mitzumachen. Sie kamen jetzt fast täglich ins Training.

Für meine Mitglieder war das anfangs ungewohnt und herausfordernd. Die Burschen verstanden die Übungen oft nicht gleich und hielten das Training auf. Das machten sie aber durch ihre Freundlichkeit und ihre Bescheidenheit wett. Bald waren sie eine echte Bereicherung. Und gute Übungspartner.

Für die Jungs war das auch nicht leicht. Mehr als die Hälfte der Trainierenden in den Kursen waren Frauen. Alle kannten sich schon lange, sprachen untereinander Deutsch und beherrschten die Abläufe.

Auf der Matte zählte nicht, wer du warst, woher du kamst und was du hattest. Was zählte, war die Freude am gemeinsamen Training, der Einsatz und der gegenseitige Respekt.

Ich erlebte, wie junge Kriegsflüchtlinge aus Afghanistan, dem Irak und Syrien gemeinsam mit Unternehmensberatern, Studenten und Akademikern aus Wien trainierten. Wie sie miteinander übten, schwitzten und lachten. Ich sah auch, wie sie mit Frauen trainierten, die weitaus besser waren als sie. Und sich nach jeder Übung höflich verbeugten. Besser hätte man Gleichberechtigung nicht ausdrücken können.

SO SEHEN
SIEGER AUS

Vor allem Mitglieder, die sich für Wettkämpfe vorbereiteten, freuten sich über ihre neuen Kollegen. Die Burschen zeigten immer vollen Einsatz und waren gute Sparringspartner.

Nach einiger Zeit konnten sie gut mithalten und ich hatte die Idee, die Freedom Fighters auf ein Turnier vorzubereiten. Am Anfang unseres Trainings war das kein Thema gewesen, aber ich glaubte, dass ein strukturierter Trainingsplan und das Hinarbeiten auf ein konkretes Ziel die Burschen noch mehr motivieren würde. Außerdem könnten sportliche Erfolge auf Disziplin und Durchhaltevermögen hinweisen und den Jungs bei ihren Asylverfahren helfen.

Ich lag richtig. Die Burschen waren begeistert, trainierten jetzt noch viel konzentrierter und gingen sogar in ihrer Freizeit joggen. Sie konnten es kaum erwarten, bei einem echten Wettkampf anzutreten.

Ich kaufte ihnen die notwendige Schutzausrüstung und erstellte einen Trainingsplan. Das hat auch mich motiviert. Jetzt konnte ich endlich wieder aus meinem vollen Erfahrungsschatz als Wettkämpfer und Trainer schöpfen. Technik, Taktik, Mentaltraining, Übungskämpfe und Kondition; wir trainierten sehr intensiv, fast jeden Tag.

Nach einigen Monaten beschloss ich, die Burschen bei der österreichischen Staatsmeisterschaft im Kickboxen anzumelden. Ob das möglich war, wusste ich nicht.

Ich rief einen guten Freund an. Harald Folladori war Präsident des österreichischen Kickbox-Verbands und ein Meister seines Faches. Vor allem war er ein herzensguter Mann, der die Werte der Kampfkunst auch in seiner Funktion lebte. Harry war sofort dabei. Dass die Burschen keine Staatsbürger waren und noch nicht einmal eine Aufenthaltsgenehmigung hatten, war für ihn überhaupt kein Problem. Er traf dafür eine Ausnahmeregelung und ermöglichte den Freedom Fighters die Teilnahme an den österreichischen Staatsmeisterschaften.

Nach einem Jahr harten Trainings war es dann soweit: Ich saß mit zwanzig Burschen im Bus und fuhr mit ihnen zu ihrem ersten Turnier. Die Leute in der Sporthalle staunten nicht schlecht, als wir dort ankamen. Unser Shinergy Team mit den erfahrenen Kämpfern kannten sie ja schon. Was sie noch nicht kannten, war der wilde Haufen junger Männer in unserem Schlepptau, die aufgeregt durcheinander liefen und sich bei den Abläufen der Registration schwer zurechtfanden. Als wir diese organisatorische Hürde genommen hatten, wärmten wir uns wie gewohnt gemeinsam auf und die Jungs stiegen zum ersten Mal in den Ring. Und wie sie das taten! Aufgeregt, mit voller Inbrunst und wildesten Techniken stürmten sie auf die Gegner zu. Sie waren kaum zu bremsen. Leider kannten sie auch die Regeln kaum. Sie konnten ihre Techniken nicht gut genug kontrollieren und trafen verbotene Körperstellen. Die Gegner waren ziemlich verärgert. Die Kampfrichter verzweifelten. Manche meiner Burschen wurden zurecht disqualifiziert. Viele verloren gleich im ersten Kampf.

Ich unterbrach das wilde Treiben und versammelte die Burschen in einem ruhigeren Nebenraum. „Was ist bloß los mit euch?", fragte ich aufgebracht. „Da trainieren wir Technik, Taktik und Gelassenheit. Und was macht ihr? Ihr stürmt nur blind nach vorn. Wie ein Haufen wild gewordene Affen." Mostafa übersetzte meine Ermahnung. Und die Antworten der Burschen.

„Wir wollen Ihnen keine Schande machen", sagten sie. „Wir müssen gewinnen, um Sie und Shinergy zu ehren!"

Jetzt verstand ich! Ich versicherte ihnen, dass es mir völlig egal war, ob sie gewinnen und Medaillen erringen würden. Das Einzige, was für mich zählte, war, wie sie sich im Kampf verhielten. Ob sie zeigten, was sie gelernt hatten, respektvoll mit dem Gegner umgehen und sich an die Regeln halten konnten. Das repräsentierte unseren Spirit. Nur darauf kam es mir an.

Ich spielte sogar die Siegerehrung nach, hob jedem den Arm und erklärte ihn zum Sieger. „Jetzt müsst ihr nichts mehr gewinnen. Jetzt könnt ihr die Sache genießen und entspannt zeigen, was ihr draufhabt."

Dann holte ich Harald Folladori zu uns. Ich stellte den Verbands-Präsidenten vor und sagte den Burschen, dass wir es nur ihm zu verdanken hatten, ohne Pass bei österreichischen Staatsmeisterschaften an den Start gehen zu dürfen. Und dafür dankbar sein mussten.

Danach ging es gleich viel besser. Die Burschen gaben ihr Bestes, respektierten, wenn sie verloren hatten und gratulierten den verdienten Siegern. Manche gewannen sogar den einen oder anderen Kampf.

Ismail startete in der Junioren Klasse unter 18 Jahre. Und kämpfte wirklich gut. Die Techniken beherrschte er zwar noch nicht so gut, aber seine Ausdauer schien grenzenlos. Immer und immer wieder lief er auf seine Gegner zu und deckte sie mit Kombinationen ein. Die wussten oft gar nicht, wie ihnen geschah. Was sie auch nicht wussten war, dass Ismail eigentlich gar nicht mehr konnte. Er war die ganze Zeit über am Ende seiner Kräfte und bekam kaum Luft. In der Pause musste ich ihm zuerst seinen Asthma-Spray verabreichen, sonst wäre er mir bestimmt noch umgefallen. Ich fragte ihn mehrmals, ob er nicht aufgeben wollte, aber das war für Ismail keine Option. Sobald er den Gong hörte, zog er noch einmal am Spray, drehte sich um und rannte auf die verzweifelt wirkenden Gegner zu. Das sollte sich auszahlen. Ismail gewann alle Vorrunden, siegte überlegen im Finale und wurde österreichischer Staatsmeister im Kickboxen. Nach der Siegerehrung fiel er mir in die Arme.

„Was für ein Teufelskerl!", dachte ich. Und freute mich mit ihm. Den Erfolg hatte er sich schon lange zuvor verdient. Seine Gegner kämpften um Medaillen und wollten damit ihre Freunde und Eltern beeindrucken. Ismail aber kämpfte um sein Leben. Und das Leben seiner Eltern, die er schon seit vielen Jahren nicht mehr gesehen hatte.

Andere machten ihre Sache auch sehr gut. Mostafa, Ali Reza und Sharif gewannen Silber und am Ende verabschiedeten sich die Freedom Fighters mit insgesamt zwei Staatsmeistertiteln, sieben Silber- und zwölf Bronzemedaillen vom Turnier.

MUT
ZUR LIEBE

Die Burschen waren sehr stolz auf ihre Medaillen und posierten damit auf Facebook.

Ich freute mich riesig. Stolz war ich aber nicht wirklich. Und hätte mich bestimmt auch nicht geschämt, wenn alle in der ersten Runde ausgeschieden wären. Ich wusste genau, worauf die Erfolge zurückzuführen waren. Klar, ich hatte die Jungs gut auf das Turnier vorbereitet. Dort gaben sie ihr Bestes. Mit vollem Einsatz, Durchhaltevermögen und ihren Kämpferherzen, die sie über sich hinauswachsen ließen. Im Vergleich zu ihrer Flucht war das aber eine relativ leichte Übung. Und vielen glücklichen Zufällen zu verdanken.

Von Stolz und Scham hatte ich mich schon viel früher verabschiedet. Ich hatte sie gleichzeitig mit meiner Wut abgelegt, an der ich im blinden Streben nach Erfolgen fast zerbrochen wäre. Letztendlich sind Stolz und Scham nur zwei Seiten der gleichen Medaille: Eines egozentrierten Weltbildes, in dem man sich selbst als Mittelpunkt des Universums sieht. Man vergisst dabei, dass man nicht allein auf der Welt ist und eine unendliche Vielzahl von zufälligen Ereignissen und Begegnungen letztendlich über den Erfolg oder das Scheitern entscheidet.

Dann läuft man herum wie ein stolzer Gockel und prahlt mit seinen Erfolgen. Die hat man sich auch zurecht und eigenmächtig verdient. Und dafür oft große Anstrengungen in Kauf genommen. So eine Weltsicht macht einen richtig verbissen, sehr aggressiv und blind für eigene Fehler. Meist kaschiert all das nur ein Gefühl der Minderwertigkeit. Wenn man sich schämt, richtet sich die Wut nach innen. Sie lähmt uns durch Selbstvorwürfe und das Gefühl, noch nicht alles gegeben zu haben.

Als ich das erkannt hatte, verspürte ich eine ungeahnte Gelassenheit in mir. Ich gab auch weiterhin hundert Prozent, nahm die Dinge aber nicht mehr ganz so ernst. Ich war froh, dass ich machen konnte, wovon ich schon als Kind geträumt hatte und dankbar für die vielen Menschen, die mich dabei unterstützt haben. Siegen war mir gar nicht mehr so wichtig. Ironischerweise konnte ich mich ab jenem Zeitpunkt über mehr Erfolge freuen als jemals zuvor.

Gelassenheit wiederum hat nichts mit Tatenlosigkeit und Lethargie zu tun. Es ist ein höchst aktiver Zustand. Man ruht in seiner Kraft, tut, was man kann und genießt die Sache in vollen Zügen. Gelassenheit erhebt sich im Spannungsfeld von Mut und Liebe. Der Mut zur eigenen Unvollkommenheit ermöglicht erst das objektive Hinsehen auf das, was ist und das Eingestehen von Schwächen und Fehlern. Die Liebe zum Ideal richtet den Blick auf das, was sein kann und gibt Kraft für das Streben nach Perfektion und die Erfüllung innerster Herzensziele. Im Idealfall findet man zwischen den beiden Polen zu seiner Mitte. Und vermeidet Extreme. Sich immer nur mit der eigenen Unvollkommenheit abzufinden, führt nämlich zur Tatenlosigkeit, Selbstaufgabe und Lethargie. Verkrampft ständig nach Perfektion zu streben, führt andererseits zur getriebenen Überheblichkeit, dem blinden Streben nach Erfolg und zu rücksichtsloser Egozentrik. Am Ende fühlt man sich erst recht erschöpft und ausgebrannt. Nur im Mut zur eigenen Unvollkommenheit und der gleichzeitigen Liebe zu Idealen findet man in seine volle Kraft. Man kann aus Fehlern lernen und freut sich über jede neue Erfahrung. Gelingt etwas gut, kann man sich bei all den wertvollen Erfahrungen, Erlebnissen und Menschen bedanken, die einem dies ermöglicht haben. Scheitert man, kann man sich trotzdem guten Gewissens auf die Schulter klopfen. Man hat alles getan, was möglich war, und vielleicht klappt es beim nächsten Versuch besser.

Unsere moderne Leistungsgesellschaft strebt immer nur nach dem Ideal. Selbstoptimierung ist das Gebot der Stunde. Wie werde ich noch besser, schöner und erfolgreicher, das Gebet einer Generation, die in den Filtern sozialer Traumwelten nach sich selbst sucht. Angetrieben von Sternchen, Stars und Vorbildern, die tolle Start-Up-Projekte gründen, in Geld schwimmen und Glamour pur leben. Das eigene Leben erscheint dagegen meist wenig glamourös. Und macht auch deshalb immer weniger Freude. Manchmal macht es einen sogar richtig wütend.

Da kann es hilfreich sein, sich ein wenig dankbar zu zeigen. Für das, was man hat. Wir haben ein Dach über dem Kopf, warmes Wasser zum Duschen und immer genug zu essen. Manche haben sogar ein Auto, eine Mitgliedskarte im Fitnessclub und Einladungen zur Familienfeier. Die Burschen, die ich trainierte, hatten das nicht. Zugegeben, ein Dach über dem Kopf hatten sie jetzt. Warmes Wasser und zu Essen auch. Ihre Familien hatten sie aber schon lange nicht gesehen. Und kannten es auch anders.

Von den Jungs konnte ich noch viel lernen. Mir wurde durch die Gespräche und das Training mit ihnen wieder bewusst, wie gut es mir ging. Und dass ich viel mehr hatte, als ich brauchte. Dafür war ich dankbar. Und glücklich. Man kann eben nicht gleichzeitig dankbar und unglücklich sein.

Genauso inspirierend war der Umgang der Burschen mit Misserfolgen. Denen, die beim Turnier schon in der ersten Runde ausgeschieden waren, schien das nichts auszumachen. Genau wie die Champions posteten sie Bilder von ihren Kämpfen und erzählten mir begeistert, dass sie sich auf das gemeinsame Feiern freuten. Wenn sie dann einmal Weltmeister wären.

Scheitern war für die Jungs nie ein Problem. Das hatten sie schon zu oft erlebt. Und trotzdem ihren Weg gefunden.

Wir alle haben noch viel zu lernen – besonders in einer Gesellschaft, in der einen das Scheitern als Verlierer kollektiver Selbstverbesserung stigmatisiert, bedarf es oft nur ein wenig mehr Mut zur eigenen Unvollkommenheit. Und der gleichzeitigen Liebe zum Ideal.

Was, wenn es überhaupt kein Scheitern mehr gäbe? Was würden wir dann tun? Was würden wir dann nicht mehr machen? Solche Gedanken beantworten die Fragen nach innersten Herzenszielen. Und wir kommen in unsere volle Kraft.

WENIGER
IST MEHR

Nach der Staatsmeisterschaft waren alle euphorisch. Und wollten mehr.

Mehr Techniken, mehr Turniere und noch mehr Medaillen. Ich ließ mich davon nicht beeindrucken, da konnten sie Staatsmeister sein, soviel sie wollten. Die ersten Erfolge hatten sie ihrem Kampfgeist, dem vollen Einsatz und ihrem Durchhaltevermögen zu verdanken. Der Präzision ihrer Technik aber sicher nicht. Da gab es noch viel zu tun. Sitzen, Stehen, Grundtechniken und Beinarbeit, ich ließ sie weiterhin die einfachsten Dinge üben. Und achtete dabei ganz genau auf die richtige Atmung, wies sie auf jede kleine Verspannung hin und korrigierte sogar die Position ihrer Zehen.

Großen Wert legte ich damals auch auf die Strategie. Die Schläge, Abwehrtechniken und Tritte zu beherrschen, ist nur ein Anfang. Die hohe Kunst besteht darin, diese Fertigkeiten auch richtig einsetzen zu lernen. Neben der Kraftkontrolle und der Nutzung gegnerischer Kraft stehen dabei vor allem die Rhythmus- und die Distanzkontrolle im Mittelpunkt. Beherrscht man den Rhythmus, kann man seine Techniken zum richtigen Zeitpunkt starten. Dann, wenn der Gegner nicht damit rechnet. Wer die Distanz kontrolliert, hält immer den richtigen Abstand. Und kann nicht getroffen werden.

Ich habe in den letzten 30 Jahren schon viele Kämpfer und Kämpferinnen auf Wettkämpfe vorbereitet. Auch solche, die nur wenige und ganz einfache Techniken konnten, aber die Strategie beherrschten. Ständig in Bewegung, wichen sie gekonnt den gegnerischen Angriffen aus und konterten genau dann, wenn es die anderen am wenigsten erwarteten. Die Gegner waren zwar oft erfahrener, wussten aber nicht, wie ihnen geschah. Und standen völlig neben sich.

Ich wollte den Burschen nicht blindes Draufhauen zeigen, ich wollte ihnen die Kunst des Kampfes beibringen. Das brauchte viel Zeit. Viele waren davon schon genervt, manche auch gelangweilt und hörten auf. Andere blieben. Und wurden immer besser.

Worauf ich damals auch achtete, war das Prinzip von „Shibumi" – die Kunst der Einfachheit. Shibumi kennzeichnet die Fähigkeit, alles Unnütze wegzulassen und sich ganz auf das Wesentliche zu konzentrieren. Dieses Prinzip prägt die japanische Kultur.

In der Tusche-Malerei besteht die Kunst darin, mit einigen wenigen Pinselstrichen ganze Stimmungen entstehen zu lassen. Was zählt, ist die präzise Ausführung und volle Hingabe. Auch die japanische Teezeremonie ist ein gutes Beispiel für Shibumi: Jeder Handgriff dient einem konkreten Zweck, unnötige Bewegungen werden vermieden. Trotzdem wirken Zubereitung und Einschenken des Tees vollendet und elegant.

Die Shinergy Techniken unterrichte ich genau nach diesem Prinzip. Auf große und ausladende Bewegungen wird verzichtet, alles Unnötige vermieden und immer die kürzeste Verbindung zum Ziel angestrebt. Die Technik wird mit Achtsamkeit und Konzentration ausgeführt. Aus der Ökonomie und der gleichzeitigen Hingabe entsteht hohe Wirksamkeit und vollendete Eleganz.

Ich lehrte die Jungs die Kunst von „Shibumi". Und sie zeigten mir, wie man dieses Prinzip im Alltag umsetzt.

Die Burschen kamen immer sehr ordentlich zum Training. Sie waren gepflegt und legten ihre Kleidung achtsam zusammen, bevor sie die sorgsam vorbereiteten Sportsachen überzogen. Wenn nur ein einziges Staubkorn auf Mostafas Sneakers fiel, holte er sich sofort eine Serviette und wischte es weg. Er hatte ja nur das eine Paar. Ein paar T-Shirts und ein bis zwei Hosen – die Jungs hatten nicht viel. Und gaben darauf besonders acht.

Wir hingegen wollen immer mehr. Mehr Ablenkung, mehr Spaß und viel mehr Freunde auf Facebook. Dann fühlen wir uns zumindest für kurze Zeit geliebt. Für Achtsamkeit, Wertschätzung und echte Begegnungen bleibt da meist nur wenig Zeit.

Ich verabschiedete mich Schritt für Schritt von Unnützem und hatte viel mehr Zeit fürs Wesentliche. Ich ging achtsamer mit meinen Sachen um und traf mich öfter zu inspirierenden Gesprächen mit guten Freunden. Für Small Talk, unnötige Termine und stundenlanges Internet-Surfen hatte ich gar keine Zeit mehr. Für spontane Online-Bestellungen und Einkaufstouren auch nicht.

Das befreite mich ganz von selbst von den Dingen, die ich gar nicht brauchte. Und von Bekannten, die sich sowieso nur über andere beschwerten. Wenn ich mich über etwas aufregte, erinnerte ich mich an das Prinzip zur Distanzkontrolle. Anstatt zu jammern, konnte ich auf das Problem zugehen und mich in andere einfühlen. Oder ich konnte mich gleich an die konstruktive Lösung machen. Half das auch nichts, hatte ich ja immer noch die Möglichkeit, die Distanz zu verlängern. Und mich in aller Höflichkeit zu verabschieden.

Meinen Rhythmus passte ich dem Alltag an. Weil ich nicht mehr bis spät in die Nacht arbeitete, musste ich mich frühmorgens nicht mehr aus dem Bett quälen. Und konnte es genießen, meine kleine Tochter zur Schule zu bringen.

Zu Mitbewerbern handelte ich lieber azyklisch. Unsere große Sommeraktion für neue Mitgliedschaften war ein großer Erfolg.

Weil alles viel einfacher war, erschien mir alles auch viel leichter.

MIT DEM HERZEN GEHEN

Auch die Bewegungen der Burschen wurden immer geschmeidiger und leichter. Das war mir ein großes Anliegen. Die Jungs hatten es schon schwer genug.

Die Übung des „Stehens" schafften sie inzwischen locker eine Stunde lang, ohne dabei zu verspannen. Es war an der Zeit für den nächsten Schritt. Im wahrsten Sinne des Wortes. Denn nachdem wir in der Meditationsübung des „Sitzens" unseren Geist zur Ruhe gebracht und im „Stehen" unseren Körper von Fehlhaltungen und Verspannungen befreit hatten, galt es jetzt, diese geistige und körperliche Entspannung auch in der Bewegung beibehalten zu können. Nichts ist dafür besser geeignet als die Übung „Mit dem Herzen gehen".

Dabei unterrichte ich eine Art des Gehens, die sich vom herkömmlichen Gang grundlegend unterscheidet. Wir sind es gewohnt, uns bei der Fortbewegung vom Boden nach hinten wegzudrücken. Ein Bein schwingt vor, während wir uns mit dem Standfuß vom Boden abdrücken. Und genau in diesem Wegdrücken liegt das Problem. Und die Ursache für Verspannungen.

Beim Abdrücken spannen wir nämlich eine Vielzahl von Muskeln an. Und das bei jedem Schritt. Das steht der Leichtigkeit im Wege. Ich wollte den Burschen eine andere Möglichkeit zeigen.

Dazu ließ ich sie sich in Schrittstellung aufstellen, mit dem linken Fuß vorne. Jetzt sollten sie nur das linke Knie beugen und sehen, was passiert. Es war nicht verwunderlich, ihr ganzer Körper fiel dabei nach vorne. Dafür sorgte die Schwerkraft. Und die galt es jetzt zu nutzen. Denn über das entspannte Beugen im Knie – das „Einsinken unter dem linken Fuß", wie ich es nenne – entsteht der Impuls zur Vorwärtsbewegung. Den nützt man und macht einen Schritt vor. Dann sinkt man in den rechten Fuß ein und wiederholt das Ganze wieder von vorne. Lernt man so zu gehen, erlebt man eine völlig neue Dimension der Bewegung. Anstatt ständig gegen die Schwerkraft anzukämpfen, nützt man die Schwerkraft und scheint regelrecht über den Boden zu schweben. Voller Leichtigkeit.

Die Burschen übten das anfangs nur widerwillig. Der Nutzen war ihnen noch nicht klar. Den konnte ich ihnen aber gleich demonstrieren.

Ich holte mir Khalegh, einen sehr großen und kräftigen Freedom Fighter, nach vorne. Dann legte ich meine Handfläche auf seine Brust und kündigte an, ihn nach hinten wegzudrücken. Er sollte so fest wie möglich dagegenhalten. Ich drückte, Khalegh spannte an und ich konnte ihn keinen Zentimeter von der Stelle bewegen.

Dann wiederholte ich die Übung. Ich drückte. Und konnte Khalegh ganz leicht wegdrücken – er hatte keine Chance und stolperte nach hinten. Ich wiederholte das noch einige Male. Es gelang mir immer. Khalegh war verblüfft. Die Burschen staunten. Was war passiert? Hatte ich Zauberkräfte? Hatte ich nicht. Ich hatte nur den Umstand genutzt, dass Khalegh meine Muskelanspannung imitierte. Jeder macht das. Verantwortlich dafür sind sogenannte „Spiegelneuronen" in unserem Stammhirn, die dafür sorgen, dass wir unsere Mitmenschen körperlich spiegeln. Völlig unbewusst und als Reflex. Deshalb ist Gähnen und Lachen auch so ansteckend.

Beim ersten Mal drückte ich mich mit dem hinteren Fuß vom Boden ab. Ich spannte dabei meine Muskulatur an und Khaleghs Spiegelneuronen feuerten sofort.

Reflexartig spannte er seine Muskeln an, drückte dagegen und ich konnte ihn nicht bewegen. Beim zweiten Mal änderte ich das. Jetzt drückte ich mich nicht mehr ab, beugte entspannt mein Knie und ließ mich nach vorne fallen. Ich drückte gegen Khaleghs Brust, ohne meine Muskeln dabei anzuspannen zu müssen. Damit habe ich seine Spiegelneuronen ausgetrickst. Für die gab es keinen Grund, dagegenzuhalten und ich konnte Khalegh ganz leicht umstoßen.

Die Übung kann aber noch mehr. Interessanterweise sind Prinzipien, die Kampftechniken ihre hohe Wirksamkeit verleihen, auch die gleichen, die ein friedvolles Miteinander fördern. Wenn wir uns beim Stehen und beim Gehen nicht mehr vom Boden abdrücken, werden wir keine unnötigen Verspannungen in uns erzeugen. Und unseren Mitmenschen keinen Grund mehr geben, dagegenhalten zu müssen. Das habe ich getestet. Es gab Zeiten, da habe ich nur mit der großen Zehe den Boden einer Diskothek berührt und war sofort in eine Schlägerei verwickelt. Lag sicher an meinem übersteigerten Ego und meiner Anspannung, die all jene verspannte, die das gleiche Problem hatten. Seit ich mich mit weniger Druck bewegen kann und auf diese Art gehe, bin ich nie mehr in eine Schlägerei verwickelt gewesen. Und kann sogar zügig durch eine betrunkene Meute marschieren, ohne dabei provoziert zu werden. Kein Wunder. Wer keine Verspannung erzeugt, wird von den Spiegelneuronen der Anderen übersehen. Und wer gar nicht da ist, kann auch nicht attackiert werden.

Ein übertriebenes Ego zeigt sich auch im Druck unter den Füßen. Im ewigen Kampf „Ich gegen die Welt". Je größer das Ego, umso mehr drücken wir den Boden unter uns. Mit dem Fuß aufzustampfen ist dann nur der Gipfel. Nehmen wir den Druck weg und müssen uns nicht mehr ständig gegen unsere Welt stemmen, verbünden wir uns mit ihr ihr, nützen die Schwerkraft und bewegen uns in achtsamer Leichtigkeit.

Die Burschen waren begeistert, wie sich das auf ihren ganzen Körper auswirkte. Die Techniken fielen ihnen leichter und sie konnten Treffer landen, die der andere nicht kommen sah.

In Asylverfahren wollten wir das auch nutzen. Bei den Befragungen immer auf das „Absinken" unter den Fußsohlen achten, den Druck wegnehmen und uns entspannen. Das sollte sich auf den Richter auswirken.

In Konfliktsituationen und Streitgesprächen verwende ich selbst diese Technik gern. Ich sinke unter den Füßen ab und nehme den Druck raus. Das entspannt. Mich, mein Gegenüber und das Gespräch.

GETROCKNETE TRÄNEN
AM WEGESRAND

Nach unseren ersten Turniererfolgen nahmen wir noch bei einigen kleineren Bewerben teil und räumten dort meist ziemlich ab. Die Burschen brauchten eine neue Herausforderung, und ich beschloss, sie erstmals bei einem internationalen Turnier an den Start gehen zu lassen. Da aber kaum einer eine Aufenthaltsgenehmigung hatte, war an eine Reise ins Ausland nicht zu denken. Glücklicherweise fand der World Cup im Kickboxen in Bregenz statt und mehr als 800 Teilnehmer aus 12 Nationen waren angekündigt. Da wollten wir dabei sein. Die Anreise war zwar langwierig, das schien aber niemanden zu stören. Stundenlanges Warten, oftmaliges Umsteigen und fast 14 Stunden im Zug – die Burschen blieben entspannt und lachten viel. Sie hatten das Reisen auch schon ganz anders erlebt. Im Zug erzählten mir einige von ihrer Flucht. Die meisten hatten den gleichen Weg hinter sich. Nachdem sie es über Pakistan und den Iran bis in die Türkei geschafft hatten, kam die lebensgefährliche Überfahrt über das Mittelmeer. Für 1000 Dollar wurden sie mit gefälschten Schwimmwesten ausgestattet, die einen beim Kentern unters Wasser ziehen. Wer sich dazu bereit erklärte, das Boot zu steuern, zahlte nichts, musste aber damit rechnen, wegen Schlepperei ins Gefängnis zu kommen. Mostafa erzählte, dass er das Boot gesteuert hat.

War die Überfahrt auf die griechische Insel Lesbos geschafft, lebten sie zuerst im Flüchtlingslager Moria. Für mehrere Monate und unter unvorstellbaren Bedingungen. Wurde ihr Asylantrag angenommen, konnten sie mit einer Fähre zumindest aufs Festland übersetzen und sich von dort über die Balkanroute bis nach Österreich durchschlagen. Die Flucht dauerte meist einige Monate, manchmal auch Jahre. Die Schlepper nahmen ihnen ihr ganzes Geld ab und behandelten sie wie den letzten Dreck. Sie nahmen ihre Töchter und Schwestern mit. Die kamen oft erst Tage später wieder zurück – und sprachen kein Wort mehr.

Abbas erzählte, wie er mit seinem querschnittsgelähmten Cousin über das Meer flüchtete und ihn im Rollstuhl bis nach Österreich schob. Er bezahlte dafür mit dem ganzen Vermögen, das seine Familie im Irak gespart hatte.

Ismail traf einen Deal mit den Schleppern in Athen. Er warb für sie Passagiere an und durfte kostenlos im Lastwagen mitfahren. Hussein durfte das nicht. Und hatte kaum Geld. Hussein war ein blitzgescheiter Kerl und besuchte in Wien die HTL für Hoch- und Tiefbau. Auf seiner Flucht versteckte er sich unter einem fahrenden Lastwagen und hielt sich an den Radkästen fest. Zwölf Stunden lang.

Ali Reza wurde in Afghanistan von der Polizei verhört und geschlagen. Er rettete sich mit einem Sprung aus dem Fenster der Toilette und rannte um sein Leben. Bis nach Wien.

Die Geschichten machten mich sehr betroffen und ich frage mich oft, wie weit es unsereins wohl schaffen würde. Allein auf sich gestellt und in ständiger Lebensgefahr.

Als ich abends wach im Stockbett lag, blickte ich auf die friedlich schlafenden Burschen im großen Schlafsaal der Jugendherberge. Und dachte daran, wie viele Nächte sie wohl schon am Straßenrand verbracht hatten. Ohne Essen und Trinken. Bei Regen, in der Hitze und manchmal sogar im Schnee. Immer in Angst.

Am nächsten Tag zeigten sie dann aber, was sie draufhatten.

In der Halle ging es rund. Alle rannten durch die Gegend und die Stimmung war aufgeheizt. Die Burschen aber blieben völlig ruhig. Daran änderte sich auch nichts, als sie zu ihren Kämpfen aufgerufen wurden. Und loslegten. Während ihre Gegner oft sehr aggressiv kämpften und sie mit wilden Kombinationen attackierten, blieben die Jungs völlig cool. Sie behielten den Überblick und beendeten die Angriffe mit präzisen Kontern und punktgenauen Treffern. Scheinbar mühelos. Und mit perfektem Timing.

Ich war beeindruckt. Sharif und Mostafa, Ali Reza und Ismail machten das besonders gut. Die vier gewannen das Turnier dann auch und wir holten beim World Cup insgesamt 4 Gold-, 5 Silber und 3 Bronzemedaillen. War aber gar nicht so wichtig. Auf der Heimfahrt freuten sich alle.

Ich wollte die Kämpfe im Zug genau analysieren und sprach die Jungs auf einzelne Situationen an. Die schauten mich aber nur verdutzt an. Sie konnten sich an gar nichts erinnern.

Kein Wunder: Während ihrer Kämpfe waren sie völlig bei sich und in einem Zustand absoluter Gegenwärtigkeit gewesen. In alten spirituellen Schriften wird diese Geisteshaltung als „Nicht Denken" beschrieben. Das klingt sehr verlockend. Immerhin spielt es sich in unserem Kopf meist ziemlich ab. Sorgen, Ängste und andere Geistesblitze oder unsere Gedanken drehen sich ständig im Kreis und lassen uns nicht zur Ruhe kommen. Da sehnt man sich nach ein wenig Auszeit. „Nicht Denken" ist aber eine eher unglückliche Übersetzung. Man kann gar nicht „nicht" denken.

Selbst wenn man völlig im Augenblick ist, kreisen die Gedanken. Um alles, was war oder an das, was kommen wird. Der Unterschied liegt darin, dass man seine Gedanken beobachten kann, wenn man gegenwärtig bleibt. Man kann ihnen von außen zusehen und dabei ganz entspannt bleiben. Die Gedanken kommen und gehen – man steht daneben und beobachtet das aufgeregte Treiben. Es ist fast wie im Kino, wo auf der Leinwand wilde Verfolgungs-, Zombiejagden und Liebesdramen stattfinden, während man entspannt in die Popcorntüte greift. Diesen Zustand nennt man in den Kampfkünsten „Mushin", was so viel wie „leerer Geist" bedeutet. Und „leer" heißt keineswegs, dass man nicht mehr weiß, wo man wohnt oder wie man heißt. Vielmehr ist man befreit von Zukunft und Vergangenheit. Kann sich voll dem Augenblick widmen. Im Hier und Jetzt.

Diese Geisteshaltung ist ein Zustand von Achtsamkeit und höchster Handlungsfähigkeit. Vor allem, wenn alles drunter und drüber geht, in Angst- und Stress-Situationen. Die Burschen kannten das. Sie konnten das. Sonst hätten sie die lebensbedrohlichen Situationen ihrer Flucht nicht bewältigen können. Stell dir vor, du sitzt in einem überfüllten Schlauchboot am offenen Meer und kannst nicht schwimmen. Stell dir vor, du liegst unter einem fahrenden Laster und klammerst dich an die Radkästen. Stell dir vor, du bist ganz allein und weißt nicht, ob du etwas zum Essen und Trinken bekommst. Wenn du dann beginnst, darüber zu grübeln, was alles passieren kann, werden deine Gedanken die Macht übernehmen und dich lähmen. Die Burschen konnten auch in Extremsituationen gegenwärtig und handlungsfähig bleiben. Jetzt konnten sie das nutzen.

Daran habe ich mir ein Beispiel genommen. Im Training gelang mir das eh ganz gut. Im Alltag aber weniger. Ich sorgte mich ständig um meine Existenz und grübelte nächtelang über Bilanzen und Stundenplänen. Ich hatte so viel zu tun, dass ich mich schon fast ohnmächtig fühlte. Und gar nichts mehr weiterbrachte. Die Burschen haben mir gezeigt, was es heißt, bei sich zu bleiben. Wie aussichtslos die Situation auch erscheinen mag, bleib immer dort, wo du jetzt gerade bist. Bleib im Augenblick. Und zuversichtlich. Denn wo immer du gerade bist und wie bedrohlich alles zu sein scheint – du bist immer noch am Leben. Heute sehe ich alles viel entspannter. Und meine Existenz ist von keiner Bilanz abhängig. Ich werde mit Sicherheit auch dann existieren, wenn geschäftlich alles den Bach runtergeht. Ich bin ja noch am Leben. Und kann mich an die Veränderung machen.

EIN LÄCHELN KOSTET NICHTS

Geld spielte in unserem Training keine große Rolle. Das war für die Burschen immer kostenlos und die notwendige Schutzausrüstung konnten sie sich ausleihen. Ein anderer Trainer, Elias, und ich unterrichteten ohne Honorar, den Trainingsraum finanzierte ich mit Mitgliedsbeiträgen. Die Startgebühren und Reisen zu Turnieren bezahlte ich aus eigener Tasche und mit Spenden. Viele Mitglieder warfen Geld in die aufgestellten Spendenboxen, manche drückten mir auch gleich persönlich einen Geldschein in die Hand. Bedankten sich für den Einsatz, boten ihre Unterstützung an und versicherten mir, froh zu sein, bei uns zu trainieren. Das freute mich. Weil ich meine Mitglieder so schätzte. Und wusste, dass wir die vielen Trainingsmöglichkeiten in unserem Zentrum nur ihnen verdankten. Eines Tages rief mich eine sehr nette Dame an, deren Sohn Matthias ich viele Jahre zuvor trainiert hatte. Der wunderbare junge Mann hatte damals seinen mutigen Kampf gegen den Krebs leider verloren und verstarb im Alter von nur 28 Jahren. Seine Mutter versicherte mir, dass Matthias mit Begeisterung bei den Freedom Fighters dabei gewesen wäre. Sie hatte für ihn gespart und wollte das Geld gerne den Burschen spenden. Matthias ist jetzt ein Freedom Fighter.

Ich suchte auch um Förderungen an, beim Integrationsfonds für Sport und anderen sozialen Initiativen. Und wurde immer abgelehnt.

Das hat mir aber nichts ausgemacht. Wenn ich mir die Jury aus Dachverbänden und bürokratischen Vereinsmeiern ansah, war ich sogar ein wenig erleichtert, keine Verbindlichkeiten gegenüber den verstaubten Strukturen der Sportförderung in Österreich eingehen zu müssen.

Für die Burschen war Geld aber ein großes Thema. Sie hatten kaum welches. Als Asylwerber bekamen sie zwar staatliche Unterstützung. Mit umgerechnet drei Euro am Tag ließen sich aber keine großen Sprünge machen. Trotzdem waren sie zufrieden. Sie hatten ein Dach über dem Kopf, ein Bett und genug zu essen. Sie hatten ihr Training, gingen zur Schule und mussten sich beim Einschlafen nicht fürchten, nie mehr aufzuwachen

Sie sparten jeden Cent, um ihn ihren Familien zu schicken. Nachdem sie offiziell nicht arbeiten durften, war ihre einzige Möglichkeit, sich etwas dazuzuverdienen, wenn sie bei privaten Umzügen und Entrümpelungen mithalfen.

Zugegeben, das Training, die Begleitung in Asylverfahren und die vielen Turniere waren auch ein Aufwand. Was ich dafür bekommen habe, war unbezahlbar. Ich war voller Energie, sprang am Morgen motiviert aus dem Bett und freute mich darauf, zur Arbeit zu gehen. Gemeinsam mit meinen Mitarbeitern tüftelte ich an neuen Konzepten, tauschte mich gerne mit Mitgliedern und Trainern aus und nahm es nicht so schwer, wenn ein Projekt in die Hose ging. Ich hielt Seminare für große Unternehmen und präsentierte dort die gleichen Strategien, die ich mit meinen Burschen auf der Kampffläche praktizierte. Das funktionierte im Business. Und im Ring. Alles machte wieder Freude. Und Sinn.

SACHERTORTE
MIT SCHLAG

Auf der Heimfahrt vom Worldcup in Bregenz hatte Ismail mir erzählt, dass er davon träumte, einmal im berühmten Hotel Sacher zu arbeiten. Er wollte immer schon ein berühmter Koch werden, und als er in Österreich ankam, sah er gleich eine Werbung vom Sacher.

Ich erinnerte mich, dass ich dort jemanden kannte und vermittelte Ismail einen ersten Termin. Von dort wurde er zu einem großen Bewerbungstag eingeladen. Und bekam die Lehrstelle als Koch im renommierten 5-Sterne-Hotel Sacher. Den Job bekam er nicht, weil er jemanden kannte. Er bekam ihn, weil er der Beste war. Das versicherte mir auch der Generaldirektor des Hotels. Während alle anderen Bewerber in den Pausen vor ihren Handys saßen, blieb Ismail in der Küche und wiederholte die Abläufe. Er war auch der Einzige, der draußen stehen blieb, als alle anderen schon in die Küche stürmten, um nach der vorgeschriebenen Kopfbedeckung und Handhygiene zu fragen. Ismail wollte den Job. Mehr als alle anderen.

Alle meiner Burschen wollten arbeiten und ich meldete uns für eine Veranstaltung an, die es den Teilnehmern ermöglichte, bis zu zwanzig Bewerbungsgespräche an einem Tag zu führen. Das war die große Chance. Wir brauchten nur noch geeignete Unterlagen – Lebenslauf, Motivationsschreiben und Zeugnisse. Die Burschen hatten das alles nicht. Sie waren oft Hals über Kopf geflüchtet, für sorgsames Packen und Dokumentenmappen war keine Zeit gewesen. Die meisten hatten gerade noch eine abgetragene Plastikkarte, die sie als Asylwerber ohne Aufenthaltsbewilligung auswies.

Nächtelang saßen wir in meinem Büro und erstellten die Unterlagen. Damit gingen wir dann zur Anmeldung und trafen uns am nächsten Tag vor einem Wiener Nobelhotel. Ich staunte nicht schlecht. Gestriegelt und geschniegelt kamen sie alle daher. In frisch gebügelten Hemden, aufpolierten Schuhen und mit neuem Haarschnitt. Mostafa und Sharif kamen sogar im schwarzen Anzug, den sie sich im Second-Hand-Laden gekauft hatten. Und sahen aus wie zwei Topmanager am Weg zur Aufsichtsratssitzung.

Die Bewerbungsgespräche liefen sehr gut. Unterschiedlichste Firmen waren an einzelnen Ständen vertreten und die Burschen hatten für jedes Bewerbungsgespräch nur zehn Minuten Zeit. Dann wechselten sie schon zum nächsten. Alle blieben bis zum Schluss konzentriert. Die größten Unterschiede gab es in der Beherrschung der deutschen Sprache. Einige sprachen schon richtig gut. Andere verstanden kaum ein Wort. Das lag vor allem daran, dass die einen bei österreichischen Pflegefamilien lebten und die anderen im Flüchtlingsheim. Dort wurde fast ausschließlich Persisch, Dari und Farsi gesprochen. Mostafa, Sharif und Ali Reza, die bei liebevollen Pflegeeltern wohnten, konnten sich schon sehr gut verständigen. Die drei waren aber auch immer sehr interessiert und fragten mich nach dem Training oft nach der korrekten Aussprache. Sie wollten es eben ganz genau wissen. Mostafa bekam die Zusage von einem Bio-Supermarkt, der ihm eine Lehrstelle zum Einzelhandelskaufmann anbot. Sharif und Ali Reza bekamen zumindest Einladungen für weitere Bewerbungsgesprächen. Die drei waren hoch motiviert.

Antreten durften sie ihre Lehrstellen leider nicht. Die damalige österreichische Bundesregierung änderte kurzerhand das Gesetz und untersagte Asylwerbern den Zugang zu Arbeitsplätzen. Selbst dann, wenn die Unternehmen freie Kapazitäten hatten, sich für die Burschen einsetzten und ihnen die Lehrstelle fix zusagten.

Ich konnte das nicht verstehen. Da wollten sich junge und talentierte Menschen einbringen. Wollten arbeiten, sich integrieren und einen Beitrag zu unserem Sozialsystem leisten. Und durften das nicht. Stattdessen mussten sie in Flüchtlingsunterkünften leben, wo sie wenig zu tun und kaum Kontakt zu Österreichern haben. Außer wenn ihnen wieder vorgeworfen wird, uns auf der Tasche zu liegen. Oder dass sie unsere Sprache nicht können.

Mangelnde Deutschkenntnisse waren für viele auch die größte Hürde, um im Alltag Anschluss zu finden und wahrgenommen zu werden. Man wertete sie oft ab und ich habe erlebt, dass Burschen, die nur wenig Deutsch verstanden, von vielen deshalb als weniger intelligent eingeschätzt wurden. Auch wenn sie einen Hochschulabschluss hatten. „Du nix verstehen?" war dabei noch die harmloseste Vorverurteilung.

Das mussten wir dringend ändern. Und Deutsch lernen.

Ich verzichtete ab nun darauf, meine Erklärungen übersetzen zu lassen und achtete darauf, keine englischen Hilfsvokabeln mehr zu verwenden. Die Jungs nahmen ihre Deutschkurse ernster und konnten sich schon bald besser verständigen. Sie fanden leichter Anschluss und es entstanden Freundschaften zu den Mitgliedern meines Zentrums. Alle verstanden sich gut.

Ich selbst wollte mit gutem Beispiel vorangehen und begann Persisch zu lernen.

Anfangs konnte ich nur ein paar Worte und einfache Phrasen sprechen. Das allein hat mir aber schon dabei geholfen, mich besser in die Burschen hineinversetzen zu können. Einer meiner ersten Sätze war „Mard non e garm dust dorad", was so viel heißt wie „Der Mann hat warmes Brot zum Freund." Warmes Brot „zum Freund" haben, anstatt es nur zu „mögen", klang viel liebevoller. Überhaupt war das persische Dari und Farsi von vielen Redewendungen geprägt, die ihren konkreten Sinn erst im unmittelbaren Zusammenhang und in der Aussprache ergaben. Ganz anders als im Deutschen, wo sprachliche Präzision und exakte Formulierungen überwiegen. Deshalb wurden den Burschen ihre bildlichen Aussagen bei gerichtlichen Asylverfahren auch oft als unpräzise und widersprüchlich angelastet. Das mussten wir gemeinsam üben. Und wenn ich die Jungs in Dari begrüßte, fühlten wir uns noch verbundener. „Man dust doram" – ich hatte jetzt viele Freunde.

PULL SHIT

Für meine Freunde war das Wichtigste, eine Aufenthaltsgenehmigung zu bekommen. Sie lebten in ständiger Furcht vor Abschiebung.

Die Aussicht, in ein Kriegsgebiet deportiert zu werden, aus dem sie unter Einsatz ihres Lebens geflüchtet waren, hat viele sehr mitgenommen. Das können wir gar nicht nachvollziehen. Erst recht nicht, wenn wir ihre Flucht als spontane Idee betrachten, um sich im Ausland ein schöneres Leben zu machen.

Die Burschen liebten ihre Heimat über alles. Und wünschten sich nichts mehr, als wieder dort zu leben. Gemeinsam mit ihren Eltern, den Geschwistern und ihren Freunden. Ihre Flucht war alles andere als der spontane Wunsch nach Veränderung. Niemand hat das gewollt. Niemand hat sich am Nachmittag einfach einmal hingesetzt, seine Reise geplant und vorher noch alle Dinge in Ordnung gebracht. Alle sind in größter Not vor Krieg und Terror geflüchtet, Hals über Kopf, völlig verzweifelt und ohne zu wissen, wohin sie die Reise führen wird. Das tut sich niemand an, der eine andere Wahl hat.

Die kurzsichtige Argumentation mit dem sogenannten „Pull Faktor", dem Irrglauben, dass die menschenwürdige Behandlung von Geflüchteten dafür sorgt, dass sich noch mehr Menschen auf den Weg machen, ist völlig absurd. Und längst widerlegt. Trotzdem wird dieses Argument immer noch dazu verwendet, die unmenschlichen Zustände in Flüchtlingslagern, die Schließung von Grenzen und den Einsatz von Gewalt zu rechtfertigen. Pull Shit! Diese Menschen haben keine andere Wahl, und die Flucht ist für sie der letzte

Ausweg. Selbst wenn sie dabei sterben. Darüber hinaus stellen die Verweigerung eines fairen Asylverfahrens und die unzureichende Versorgung der Grundbedürfnisse, eine Missachtung der internationalen Menschenrechte dar. Und sind ein Verbrechen.

Als Verbrecher werden aber oft die Geflüchteten hingestellt. Unmittelbar nach der Ankunft in Österreich werden sie von der Polizei verhört, sind völlig erschöpft und verstehen noch kein Wort. Nach einiger Zeit werden sie dann erneut vorgeladen. Zum ersten „Interview", wie die Burschen das nennen. Dazwischen liegen Monate der Ausgrenzung. Im Flüchtlingslager lebend, wird jeder Versuch, sich außerhalb zu bewegen, mit wüsten Beschimpfungen, rassistischen Angriffen und Vorurteilen bestraft.

Ich begleitete Ali Reza zu seinem ersten Interview. Wir waren frühmorgens für 8 Uhr bestellt und saßen im Warteraum des Bundesasylamts für Fremdenwesen und Asyl in Wiener Neustadt. Es war Winter, die Heizung war abgedreht und wir hofften, bald dranzukommen. Wir hofften vergebens. Erst nach vier Stunden wurde Ali Reza aufgerufen. Völlig durchgefroren und müde vom Warten.

Im wohlig warmen Büroraum empfing uns ein junger Mann und stellte sich als verantwortlicher Beamter vor. Der Mann war nicht älter als 20, trug Jeans und T-Shirt und wirkte alles andere als verantwortungsvoll. Mir erschien er eher wie ein Ferialpraktikant.

Die Befragung dauerte fünf Stunden, und Ali Reza musste seine Geschichte unzählige Male wiederholen. Begleitet vom hämischen Lächeln des Beamten und provokanten Fragen. Von permanenten Unterbrechungen, Unterstellungen und der Verdrehung Ali Rezas Aussage. Die Befragung glich einem Verhör für Schwerstverbrecher. Zum Schluss war er am Ende seiner Kräfte und froh, es hinter sich zu haben. Die Freude endete jäh. Denn schon im Moment, als Ali Reza die Niederschrift seiner Aussage unterschrieb, verkündete der Beamten-Jungspund sein Urteil. Er glaubte Ali Reza nicht. Sein Asyl wurde abgelehnt.

Nach mehr als neun Stunden und der unerträglichen Befragung durch einen inkompetenten Praktikanten, entschied dieser spontan und völlig eigenmächtig über das Schicksal von Ali Reza. Auf der Heimfahrt sprachen wir kaum. Uns fehlten einfach die Worte.

ANFÄNGERGLÜCK

Den meisten erging es wie Ali Reza. Sie wurden stundenlang einvernommen und waren von den Fangfragen, ungeduldigen Beamten und ständigen Unterstellungen völlig überfordert. Jede Unsicherheit wurde gleich als Beweis ihrer Falschaussage protokolliert. Am Ende wurden sie der Lüge bezichtigt und ihnen der Negativbescheid überreicht. Dann begann das lange Warten. Auf die Vorladung zum zweiten Interview und das alles entscheidende Urteil eines Richters vom BFA, dem Bundesamt für Fremdenwesen und Asyl. Das dauerte oft Monate, manchmal auch Jahre.

Ich bemerkte, wie viel Angst die Burschen vor ihren Interviews hatten und versuchte, sie zumindest im Training auf andere Gedanken zu bringen. Für sie war das eine echte Auszeit und sie konnten die Furcht für ein paar Stunden vergessen.

Immer wieder bedankten sie sich dafür und erzählten, wie ihnen das Training dabei hilft, durchzuhalten. Nach seinem World Cup Sieg sagte Ali Reza in einem Zeitungs-Interview: „Ich stehe unter ständigem Druck, weil ich noch immer auf meinen Aufenthaltsbescheid warten muss. Oft fühle ich mich deshalb gestresst und unruhig. Nach dem Training geht es mir immer gut und auch in meinem Kopf wird es ruhig. Und mein Vertrauen in mich ist gestärkt, dass ich es schaffen kann."

Im Training begann sich langsam eine gewisse Routine breitzumachen. Alle waren die Abläufe gewohnt und spulten das Training nur noch ab. Jeder hatte seine Lieblingstechniken und konterte immer mit demselben Muster. Keiner war bei der Sache. Niemand entwickelte sich weiter.

Im Kampf kann das fatale Folgen haben. Bewegt sich der Gegner anders, als man das im Training übt, kann man darauf nicht eingehen. Man reagiert wie gewohnt. Und wird getroffen. Deshalb variieren wir im Shinergy so viel. Die Techniken, die Ausführung und das konkrete Ziel, alles wird ständig verändert. Da muss man bei der Sache bleiben und sich konzentrieren. Um auf ungewohnte Situationen reagieren zu können, zählt es, den Augenblick wahrzunehmen und gegenwärtig zu bleiben. Wie beim Meditieren. Meditation ist eben nicht, „was man tut", sondern „wie man tut". Immer, wenn wir unsere Reaktionen der tatsächlichen Situation anpassen, anstatt sie blind abzuspulen, sind wir gegenwärtig. Und meditieren.

Ich begann das Training zu verändern und stellte den Burschen immer neue Aufgaben. Sie verteidigten auf einem Bein stehend, am Sessel sitzend und am Rücken liegend. Sie schlugen auf Bälle, traten nach Luftballons und ich warf ihnen die Schlagpolster manchmal auch zu. Wir übten an den Beinen zusammengebunden, verteidigten uns Wassergläser balancierend im Stiegenhaus und kämpften in der Garderobe. Das Licht schaltete ich dabei aus.

Den Burschen machte das großen Spaß. Sie waren wieder voll dabei und konnten ihre Sorgen und Ängste vergessen. Wir meditierten nicht mehr und bewegten uns dann. Wir meditierten, wenn wir uns bewegten.

Parallel dazu bemerkte ich, dass ich meinen Alltag auch nur noch blind abspulte, und ich hatte ständig das Gefühl, mich in einem Hamsterrad abzustrampeln. Die Burschen inspirierten mich mit ihrer kindlichen Neugier und Offenheit, und ich begann meine Gewohnheiten zu überdenken und meine Routinen zu durchbrechen. Ich änderte meine Abläufe, gönnte mir mehr Pausen und verbrachte viel Zeit mit meinen Töchtern. Ich delegierte viele Tätigkeiten an Kollegen, übergab Aufgaben an externe Firmen und widmete mich wieder mehr dem, was mir am meisten Spaß machte: dem Unterrichten von Kampfkunst. Ich las wieder mehr Bücher, bildete mich weiter und lernte neue Leute kennen. Ich freute mich über neue Erfahrungen. Und hatte mehr Energie. Irgendwie hatte ich auch viel mehr Zeit.

Heute weiß ich, dass ich das meinem wiederentdeckten Anfängergeist zu verdanken hatte. Mit „Anfängergeist" bezeichnet man in den Kampfkünsten eine Einstellung der Offenheit und Flexibilität. Man bleibt Neuem gegenüber offen, behält die Bereitschaft zur Weiterentwicklung und kann flexibel auf ungewohnte Situationen eingehen. Man ist vom Augenblick erfüllt. Routine steht dem im Wege.

Weil wir verlernt haben, uns in kindlicher Neugier an neuen Erfahrungen zu erfreuen, können wir uns nur schwer mit Veränderungen zurechtfinden. Wir klammern uns an Gewohntes und beklagen uns, dass die Zeit viel zu schnell vergeht. Ein Grund dafür ist, dass wir im Alltag immer routinierter werden. Und uns über viele Dinge keine Gedanken mehr machen. Je älter wir werden, umso schlimmer wird das. Unsere Wahrnehmung der Zeit ist aber von der Anzahl an gespeicherten Gedächtnisinhalten abhängig. Je abwechslungsreicher wir unser Leben gestalten, umso langsamer scheint die Zeit zu vergehen. Deshalb wirken Menschen, die sich ihre kindliche Neugier bewahren, auch viel jünger.

LIEBER TOT
ALS SCHWUL

Für die Jungs war fast alles neu. Sie lebten in einem neuen Land, sprachen eine neue Sprache und lernten ganz neue Gebräuche kennen. Sie hatten neue Freunde, manchmal sogar eine neue Familie und gingen regelmäßig zur Schule. Viele waren in ihrem neuen Leben schon angekommen. Sprachen gutes Deutsch und hatten große Pläne für die Zukunft. Begeistert erzählten sie mir von Projekten, hatte viele Freunde und Träume.

Andere taten sich damit nicht so leicht und konnten sich mit den neuen Lebensumständen nur schwer anfreunden. Die lockeren Umgangsformen waren für sie sehr ungewohnt. Gemeinsam mit Frauen zu trainieren, ungezwungen bei der Weihnachtsparty zu tanzen und sich in der Garderobe über den ersten Kuss auszutauschen, war ihnen völlig fremd. Dass wir in der Garderobe dann auch noch alle nackt herumliefen, war ihnen zu viel. Sie isolierten sich immer mehr von den anderen, wirkten zurückgezogen und blickten nur skeptisch, wenn andere ausgelassen lachten.

Ich traf sie außerhalb des Trainings und sprach sie direkt darauf an.

Zuerst sahen sie mich nur fragend an. Dann tauten sie aber auf und erzählten mir, dass sie aus kleinen Dörfern stammten und dort nie Kontakt zu Fremden gehabt hatten. Ihr Alltag war von älteren Familienmitgliedern und Traditionen geprägt. Auch von religiösen Dogmen, an denen sie sich schon seit ihrer frühesten Kindheit orientieren konnten. Das gab ihnen Sicherheit und Halt.

Über das Verhalten mancher Trainingskollegen konnten sie sich nur wundern. Sie schätzten sie, empfanden das aber als völlig daneben. Ich war froh, dass sie mir später mehr zu den Hintergründen ihrer Traditionen erklärten. Ich konnte dadurch viel besser darauf Rücksicht nehmen.

Jeder war in unserem Training willkommen, unabhängig von Herkunft und Religion. Und wenn jemand nur in T-Shirt und Unterhose duschen wollte, bei den Späßen nicht mitmachte und sich nach dem Training lieber zum Gebet zurückzog, war das für niemanden ein Problem.

Manchmal stand es ihnen aber auch im Weg. Das wurde mir besonders deutlich vor Augen geführt, als ich den 17-jährigen Amin zur Rechtsberatung der Diakonie begleitete. Es ging um Einspruch gegen den Negativbescheid seines Asylverfahrens, und die engagierte Anwältin versuchte triftige Argumente zu finden, die sie im Verfahren vorbringen konnte. Auf die Frage nach dem Beziehungsstatus stellte sich heraus, dass sich Amin seiner sexuellen Orientierung noch nicht ganz sicher war und sich durchaus auch von Männern angezogen fühlte. Die Anwältin jubelte und wollte das vor Gericht unbedingt vorbringen. Immerhin gilt für Homosexualität in vielen arabischen Ländern die Todesstrafe. Der junge Mann wollte das aber nicht. „Lieber bin ich tot als schwul", waren Amins Worte und er beharrte darauf, das Argument, das seine Aussicht auf Asyl erhöht hätte, beim Verfahren nicht zu erwähnen.

Ich war schockiert. Ein junger Mann, der sich in Frauen und in Männer verlieben konnte. Wie schön. Und sich wünscht, lieber tot zu sein, als das einzugestehen. Wie traurig.

Verstehen konnte ich Amin trotzdem. Wenn man bedenkt, wie der Junge aufgewachsen war und wie lange er schon in der Angst lebte, seiner Gefühle überführt zu werden, dann musste man das auch. Außerdem hatte er Angst, dass in seinem Herkunftsland jemand davon erfahren könnte. Seine Familie würde dafür verachtet werden. Und er würde hingerichtet werden, wenn er kein Asyl bekam.

Natürlich kann man sich darüber aufregen, lustig machen und so etwas als rückschrittlich abwerten. Aber nur, wenn man sich seiner eigenen Vorurteile und Prägungen nicht bewusst ist. Und glaubt, frei davon zu sein.

Ich glaube das nicht. An die Fähigkeit, den eigenen Horizont zu erweitern und Entscheidungen treffen zu können, glaube ich natürlich schon. Ich bin mir dabei aber immer bewusst, dass unser Verhalten von unendlich vielen Erfahrungen und Eindrücken geprägt ist, denen wir Zeit unseres Leben ausgesetzt sind. Dass wir zu dem geworden sind, wer wir jetzt sind. Das widerspricht dem egozentrierten Weltbild, das einen glauben macht, der alleinige Mittelpunkt des Universums zu sein und immer auch wollen zu können, was man will.

Doch wie sagte schon Arthur Schopenhauer: „Der Mensch kann zwar tun, was er will. Er kann aber nicht wollen, was er will." Klingt logisch. Wenn wir unseren Willen immer bewusst steuern könnten, wodurch würde dann der Wunsch, der unseren Willen formt, beeinflusst? Wieder durch ein Wollen? Das könnte man bis zur Unendlichkeit fortsetzen. Schopenhauer hat die Grenzen des freien Willens erkannt.

Erkennt man, dass man nur ein Teil des Ganzen ist und in ständiger Verbindung mit seiner Umgebung und seinen Mitmenschen ist, befreit man sich von egozentrierten Allmachtfantasien. Dann kann man sich seiner eigenen Prägungen und Vorurteile bewusst werden. Sie überdenken. Neue Erfahrungen sammeln, neue Wege beschreiten und tun, was man will.

Mir war auch klar, dass ich sehr stark geprägt war. Ich wuchs in einer eher konservativen Familie am Land auf. Dort war ganz genau festgelegt, was ein anständiges Leben alles so ausmachte. Gar nicht so bewusst war mir aber, dass ich auf meine eigenen Prägungen mit sofortigem Widerstand reagierte. Ich verachtete konservative Vernunftmenschen und reagierte auf jedes „Du musst, du sollst, nein, das darf man nicht" mit dem genauen Gegenteil. „Geht nicht, gibt es nicht", dachte ich, und jede Ermahnung zur

Vernunft war für mich ein Startschuss mich ins Risiko zu stürzen. Das hatte ich den Menschen zu verdanken, die meine kindlichen Träume immer nur belächelt hatten. Sie abwerteten und mich mit einem Grinsen dazu ermahnten, den Vorgaben ihres verhärmten Vernunftseins zu genügen.

Immer nur dagegen zu sein ist aber auch keine Lösung. Es macht einen sehr abhängig von den Menschen, die man gar nicht leiden kann. Und unfrei.

Ich nahm mir jetzt öfter eine Auszeit und überdachte meine Reaktionen. Da konnte ich mich gleich viel vernünftiger ins Risiko stürzen. In der Zeit zwischen Reiz und Reaktion liegt die Freiheit. Im Training konnte ich das den Burschen leicht zeigen. Ich musste dazu mit ihnen nur durch die Zeit reisen.

BRÜCKENSCHLAG
IN DIE ZUKUNFT

Wir nehmen unsere Wirklichkeit durch die gefärbten Brillengläser subjektiver Erfahrungen wahr. Und halten sie für wahr. Deshalb gibt es wahrscheinlich genauso viele Auffassungen von Wirklichkeiten, wie es Menschen gibt. Jeder hat seine eigene Wahrheit, die es zu verteidigen gilt. So spazieren wir munter durch unsere eigene Welt und glauben, dabei aus freiem Willen heraus Entscheidungen treffen zu können. Können wir aber nicht. Weil unsere Vergangenheit immer unsere Gegenwart bestimmt. Und die Zukunft vorwegnimmt.

Jeder einzelne Augenblick wird sofort bewertet, beurteilt und mit bereits Erlebtem verglichen. Wir schweifen ab. Und denken in die Zukunft voraus.

Das ständige Vorausdenken nimmt unsere zukünftigen Reaktionen vorweg und begleitet uns als innerer Dialog. Ständig sprechen wir mit uns selbst: „Wenn das passiert, dann werde ich jenes tun", „Immer, wenn das so ist, dann wird dies passieren". So bilden sich Vorurteile, Meinungen und starre Reaktionen, die in der tatsächlichen Situation oft völlig unangebracht sind.

Im klassischen Reiz-Reaktionstraining traditioneller Kampfsportarten wird das Problem des planenden Vordenkens besonders deutlich. Im Karate, Kung Fu und Taekwondo lernt man zuerst Standard-Konter, steht dann dem Gegner gegenüber und denkt unbewusst: „Wenn der so angreift, dann werde ich mit jener Technik reagieren." Dass man dabei viel zu langsam reagiert, ist noch das geringste Problem. Greift der andere nämlich an, wie man das nicht trainiert hat, kann man mit seinen auswendig gelernten Standardantworten einpacken. Ich habe schon oft erlebt, wie hochgraduierte Schwarzgurte mit ihren spektakulären Selbstverteidigungs-Techniken prahlen. Die funktionieren aber nur gegen die normierten Standardangriffe ihrer Trainingskollegen. Gegen schlampig ungestüme Schwinger betrunkener Raufbolde nützt das wenig. Außer dem Zahnarzt.

Im Shinergy trainieren wir nach einer neuartigen Methodik, die es ermöglicht, Situationen unverzerrt wahrzunehmen, sie wertfrei zu analysieren und unvoreingenommen zu reagieren. Gerade dann, wenn wieder einmal alles anders kommt, als man das vorher erwartet hat.

Dazu unterbrechen wir einfach das Geschehen. Wir nehmen uns Zeit. Einer greift an, stoppt kurz vor dem Ziel und friert seinen Angriff ein. Der Verteidiger kann nun die Situation entspannt analysieren. Dann erst setzt er den entsprechenden Konter. Anstatt sich vom Vordenken hektisch zu einer vorschnellen Reaktion verleiten zu lassen, schaut der Verteidiger genau hin, was tatsächlich passiert ist, denkt kurz nach und reagiert erst dann. Das funktioniert wunderbar. Wenn ich einem Anfänger nur fünf Sekunden Zeit zum Nachdenken gebe, kann er auf alle meine Angriffe perfekt reagieren, obwohl ich nun schon so viele Jahre trainiere.

Selbstverständlich ist das nur der erste Schritt. Das Training besteht nun darin, die Pause zum Nachdenken sukzessive zu verkürzen. Immer schneller nachzudenken, immer schneller zu analysieren, immer früher zu reagieren. Das übt man solange, bis man zur gleichen Zeit den Angriff analysiert und entsprechend reagiert. Im Augenblick.

Ich beschreibe diese Methodik gerne mit: „Wir können aus der Vergangenheit lernen, wie wir in Zukunft die Gegenwart meistern." Und unterrichte sie nicht, weil sie so abgehoben klingt, sondern weil sie so gut funktioniert. Und die wichtigste Fähigkeit schult: Die perfekte Reaktion im Einklang mit der tatsächlichen

Situation. Unvoreingenommen und gegenwärtig: frei von Bewertungen, bereits Erlebtem und Erfahrungen aus der Vergangenheit.

Ich habe das mit den Burschen oft trainiert. Sie konnten ihren Kampfstil dadurch viel besser den Gegnern anpassen und schienen sich müheloser zu bewegen. Wenn man gegenwärtig agiert und mit seinen Reaktionen auf den anderen eingeht, braucht man viel weniger Kraft. Übermäßiger Aufwand kaschiert oft nur mangelnde Flexibilität.

Die Methode ist auch im Alltag anwendbar. Besonders in Stress- und Konfliktsituationen reagiert man nicht mehr automatisch und lässt sich blind zu voreingenommenen Handlungen provozieren. Man unterbricht das Geschehen, betrachtet die Situation möglichst objektiv von außen und handelt erst danach unvoreingenommen, nach bestem Wissen und Gewissen.

In jedem Streitgespräch ist es möglich, kurz zu unterbrechen, sich Zeit zum Nachdenken zu nehmen und sich dann sachlich dem gegenwärtigen Problem zu widmen.

Den Jungs riet ich, sich bei Provokationen fünf Atemzüge lang Zeit zu nehmen. Beschimpfungen als das zu erkennen, was sie waren: aneinandergereihte Worte aus den Mündern von Mitmenschen, die augenscheinlich von innersten Konflikten und ihrer eigenen Unzufriedenheit ablenken wollen. Und diese so gerne auf scheinbar Unterlege projizieren. Wenn man das schafft, nimmt man nichts mehr persönlich. Und kann entspannt weitergehen.

Auch in Asylverfahren war das sehr hilfreich. Anstatt sich nach Fangfragen in Widersprüche zu verstricken, baten die Burschen die Richter um eine kurze Unterbrechung, besprachen sich vor der Tür mit ihren Anwälten und gingen gestärkt zurück in den Gerichtssaal.

Amin brauchte etwas länger. Nach fünf Wochen und vielen Gesprächen ging er zu seiner Anwältin und ließ seine Homosexualität im Akt vermerken. Amin bekam Asyl.

BRETT VOR
DEM KOPF

Die meisten Burschen waren sehr lebensfroh und sprühten vor Tatendrang. Ich freute mich, dass unser Training bei den Burschen Wirkung zeigte. Der familiäre Umgang und die offenen Gemüter unserer Mitglieder schienen ansteckend zu wirken. Viele waren viel lockerer und kamen leicht ins Gespräch. Einige aber schafften das nicht. Sie fühlten sich ausgegrenzt und unverstanden. Und kamen nicht mehr so oft ins Training.

Das musste ich respektieren. Trotzdem wollte ich der Sache näher auf den Grund gehen. Ich war mir sicher, es gab es noch etwas anderes, was die Jungs belastete.

Wir trainierten nun schon fast zwei Jahre lang und ich lud einige Burschen zur Blaugurtprüfung ein. Im Shinergy dauert so eine „Blue Belt Challenge" mehrere Stunden und fordert vollen Einsatz. Am Ende wartet der Bruchtest. Dabei müssen die Teilnehmer ein dickes Holzbrett mit der Faust durchschlagen. Das gelingt nur mit präziser Technik und Schnelligkeit. Am wichtigsten ist aber die Geisteshaltung, Alle Zweifel beiseitelassen, nicht zögern und im richtigen Augenblick die ganze Kraft aktivieren. Das Ziel fokussieren und mit voller Hingabe durch das Brett hindurchschlagen.

Ali Reza kam als Erster dran. Und scheiterte. Das Brett brach nicht, und seine Knöchel waren ganz blau. Alle hielten den Atem an. Er lächelte nur, strich sich kurz über die schmerzende Hand und schlug das Brett dann beim zweiten Versuch durch. Begleitet von einem lauten Kampfschrei. Alle applaudierten.

Abdul war der Nächste. Schüchtern schritt er nach vorne, ging nervös in Kampfstellung und startete sofort los. Bääm – mit einem lauten Knall schlug seine Faust aufs Brett. Vergebens – das Brett hielt stand. Abdul reagierte allerdings ganz anders als zuvor Ali Reza. Mit schmerzverzerrtem Gesicht begann er laut zu fluchen, sich selbst zu beschimpfen und klopfte sich mit der Faust dabei ständig auf den Kopf. Beim zweiten Versuch war er völlig verspannt und scheiterte wieder. Er probierte es noch einige Male. Bis seine Knöchel blutig waren. Und ich abbrach. Die anderen Teilnehmer waren sichtlich genervt. Es war schon sehr spät und die ganze Gruppe musste auf Abdul warten. Der verließ wütend den Raum.

Ich ging ihm nach. Abdul war völlig verzweifelt. „So eine Schande. Nur meinetwegen mussten alle warten. Ich werde mir das nie verzeihen", sagte er unter Tränen. Ich fand, dass er völlig übertrieb. Was mich wunderte war, dass ihm sein misslungener Bruchtest weniger ausmachte als der Umstand, dass alle warten mussten. Das gab mir zu denken.

Ich rief Abdul spätabends an und erzählte ihm, wie oft mir so ein Bruchtest schon misslungen ist. Dafür musste man sich doch nicht schämen. Ich hoffte, dass Abdul damit etwas anfangen konnte. Und er sich nicht länger mit Schuldgedanken herumplagte.

Solche Gefühle kannte ich nur zu gut. Und hatte lange mit Schuldgefühlen zu kämpfen. Kindheitstraumata, K.O.-Schläge in Bars und Scheidung – ich fühlte mich immer schuldig. Und musste durch schmerzhafte Zeiten gehen, um damit halbwegs zurechtzukommen.

Ein erster Schritt bestand sicherlich darin, mir die Grenzen meiner Selbstbestimmung einzugestehen. Zu wissen, dass ich in jedem Moment mein Bestes gab und trotzdem alles schief gehen konnte. Dass ich zu Fehlern stand und akzeptierte, dass ich die Vergangenheit nicht mehr ändern konnte. Weil ich damals gar nicht wusste, was ich hätte besser machen können. So schwer es mir auch fiel – ich konnte mir irgendwann vergeben. Es tat mir auch weiterhin leid, was geschehen war, nahm mir aber vor, es beim nächsten Mal besser zu machen. Schuldig fühlte ich mich aber nicht mehr. Ich fühlte mich dadurch befreit. Und war dankbar für die Lektionen.

Abdul sah das anders und kam immer seltener ins Training. Es fiel mir auf, dass auch andere zu kämpfen hatten. Mit Selbstvorwürfen. Und mit Schuldgefühlen.

Wenn ihnen etwas nicht gelang, konnten sie sich maßlos über sich selbst ärgern. Und gaben allen anderen die Schuld daran. Nur um vom eigenen Scheitern abzulenken. Ich glaubte die Ursache für ihre Schuldgefühle noch ganz woanders zu erkennen. Viele Burschen hingen in ihrer Vergangenheit fest. Sie hatten es bis nach Österreich geschafft und waren in Sicherheit. Und trotzdem dachten sie ständig an ihre Flucht. Und an ihre Familien, die sie zurücklassen mussten. Viele konnten es kaum ertragen, dass sie es jetzt besser hatten. Sie fühlten sich dafür schuldig. Sie glaubten, ein gutes Leben nicht verdient zu haben.

Mit solchen Schuldgefühlen zu leben ist furchtbar. Da kann man sich nichts mehr zugestehen. Schon gar keine Lebensfreude.

So eine Opfer-Täter Umkehr kann man nur schwer verstehen, wenn man sie nicht selbst erlebt hat. Und die Burschen haben das oft erlebt. Sie mussten alles zurücklassen und haben sich ganz allein auf den Weg gemacht, während ihre Eltern, Geschwister und Freunde weiterhin dem Krieg und Terror ausgesetzt waren. Den Schleppern haben sie ein Vermögen bezahlt. Und wurden von ihnen geschlagen, gedemütigt und manchmal auch vergewaltigt. In Flüchtlingslagern lebten sie unter unmenschlichen Bedingungen, wurden von der Polizei geschlagen, von der Bevölkerung angefeindet und im Asylverfahren abgelehnt.

Noch dazu wurden sie in Österreich ständig mit rassistischen Angriffen konfrontiert. Wenn wir in der U-Bahn nach Hause fuhren, habe ich das oft miterlebt. Ich konnte gar nicht glauben, was ich hörte. „Schleich dich zurück nach Hause, du Gesindel!", „Ihr liegt uns nur auf der Tasche und seid sowieso alle Vergewaltiger." Genauso schlimm waren die abwertende Blicke, das Wegdrehen und der angewiderte Wechsel des Sitzplatzes. Man wollte sie nicht. Wollte nichts mit ihnen zu tun haben. Und musste ihnen das ständig vor Augen führen. Wie unwillkommen sie waren, bekamen die Burschen auch in den angstschürenden Zeitungsartikeln, hasserfüllten Facebook-Beiträgen und hetzerischen Slogans auf Wahlplakaten vor Augen geführt. Tag für Tag.

„Ich möchte mich nur einmal in meinem Leben zu Hause fühlen dürfen", sagte mir Mostafa einmal. Ich konnte ihn verstehen. Nirgendwo auf der Welt zu Hause sein zu dürfen. Nirgends willkommen zu sein. Was macht das wohl mit einem Menschen? Die Frage stellte ich mir oft und hoffte, dass ich mit unserem Training zumindest einen kleinen Beitrag dazu leisten konnte, ihnen Anschluss, Selbstwert und Sicherheit zu geben. Und die Gewissheit, es wert zu sein, ein gutes Leben führen zu dürfen.

Manche warfen Geflüchteten auch vor, zu feige zu sein, um für ihr eigenes Land zu kämpfen. Sie sollten gefälligst wieder zurückgehen und sich am Wiederaufbau in ihrer Heimat beteiligen. Das mailte mir auch ein Bekannter, der in der Schweiz als Personal Trainer arbeitete.

Ich fragte die Burschen, was ich darauf antworten solle. Sie erzählten, dass ihre Rückkehr und jedes Engagement einem Todesurteil gleichkam. Die Terroreinheiten profitierten von den zerrütteten Zuständen und hatten überhaupt kein Interesse am Wiederaufbau des Landes. Sie stellten jeden, der sich dem widersetzte, sofort an die Wand. Ich schrieb das meinem Bekannten. Einen kurzen Hinweis, dass er selbst aus Salzburg stammte und sein Land verlassen hatte, um sich als Trainer in schweizerischen Luxustempeln zu verdingen, konnte ich mir nicht verkneifen.

Überhaupt fielen mir Antworten auf solche Vorwürfe meist sehr leicht. Die Kritiker enttarnten sich schnell als eher unsichere Kleingeister, die eigene Defizite gerne auf andere projizierten. Meist waren es Menschen, die noch nie Kontakt mit Geflüchteten hatten. Und mit ihren „Meinungen" nur die hetzerischen Parolen auflagenstarker Provinzblätter rezitierten.

Ich war mir sicher, dass solche Menschen ganz anders denken würden, wenn sie die Burschen kennenlernen würden. Da wollte ich etwas dazu beitragen. Wir machten Vorführungen, gingen gemeinsam zu Veranstaltungen und besuchten sogar Bälle. Immer waren alle davon angetan, wie höflich, hilfsbereit und anständig die Burschen waren.

Umgekehrt würde das sicher auch funktionieren. Wenn jeder Österreicher ein verpflichtendes Jahr im Ausland verbringen würde und sich selbst in der Fremde wiederfände, wäre das in jedem Fall sinnvoller, als sich monatelang beim Bundesheer zu besaufen. Und würde einem die eigenen Vorurteile nüchtern vor Augen führen.

Aber wie konnte ich die Burschen dabei unterstützen, sich von ihren Selbstvorwürfen und Schuldgefühlen zu befreien?

Schuldgefühle entstehen durch das verzweifelte Festhalten an längst Vergangenem. Man glaubt, die Vergangenheit ändern zu können, indem man bereut und sich schuldig fühlt. Das raubt uns die Lebensenergie.

Genau dort wollte ich ansetzen. Mit lauwarmen Weisheiten und langweiligen Qi-Gong-Übungen brauchte ich den Burschen nicht daherkommen. War mir auch recht. Die Aktivierung innerster Lebensenergie hat mich immer schon fasziniert. Diese mystische Kraft, die man in Japan „Ki" nennt, in China als „Qi" bezeichnet und in indischen Yoga Verrenkung als „Prana" in Fluss bringt.

Mit Askese und esoterischer Tristesse konnte ich aber nie etwas anfangen. Gemeinsam mit Walen zu singen und sich im Ashram mit grünem Tee abzufüllen, war mir viel zu langweilig. Den alten Meistern auch. Ihre alten Schriften sind voller Lebensfreude. Und Wollust.

In einem Punkt gleichen sie sich alle: Energie folgt immer der Aufmerksamkeit. Dort, wo wir unsere Aufmerksamkeit hinlenken, wird auch unsere Lebenskraft hinströmen.

Und wenn wir ein wenig mehr Energie brauchen, dann müssen wir uns nur dem „jetzt gerade" widmen und unsere Aufmerksamkeit auf den Augenblick lenken. Dann sind wir völlig bei der Sache und gegenwärtig. Dann steht uns die volle Ladung zur Verfügung. Das funktioniert immer und überall. Gegenwärtig zu tanzen, mit allen Sinnen zu essen und sich den Augenblick beim Küssen bewusst zu machen, aktiviert die Lebensenergie. Viel besser, als gelangweilt indische Mantren zu singen, sich durch chinesische Suppen zu quälen oder mit einem Fake-Profil in Single-Börsen zu stöbern.

Wichtig ist, dabei immer im Fluss zu bleiben. Und die permanente Veränderung des Augenblicks wahrzunehmen. Der verändert sich nur in eine Richtung – in die Zukunft.

Ich wollte das gar nicht lang erklären, sondern den Burschen in der Praxis zeigen. Dazu ließ ich sie hinsetzen und rief Abdul nach vorne.

Ich stellte mich in der Mitte des Raumes hin und sagte Abdul, dass er zügig an mir vorbeigehen soll. Dabei sollte er aber mit seiner Aufmerksamkeit hinter sich bleiben und sich vorstellen, jemand würde hinter ihm gehen. Abdul ging an mir vorbei, ich streckte einen Arm aus und konnte ihn stoppen. Ganz leicht.

Dann sollte er es noch mal versuchen, jetzt aber an jemanden denken, der zwei Meter vor ihm ging. Den er einholen wollte. Abdul ging an mir vorbei, ich streckte wieder den Arm aus – und er ging einfach weiter. Ich hingegen verlor das Gleichgewicht und konnte ihn nicht aufhalten. Kein Wunder: Beim zweiten Mal ging Abdul mit viel mehr Kraft. Er dachte nach vorne. Und die Energie folgte seiner Aufmerksamkeit.

Den Burschen war das sofort klar. Ich wollte noch eines drauflegen. Ich holte ein dickes Brett aus dem Kasten, noch stärker als das, an dem Abdul gescheitert war. Ich hielt ihm das Brett entgegen und forderte ihn auf, sich zu konzentrieren, seinen Atem zu beobachten und sich von nichts mehr ablenken zu lassen. Wenn er sich dazu bereit fühlte, sollte Abdul das Brett zerschlagen. Dabei sollte er sich vorstellen, dass sein Ziel viel weiter hinten liegt. Und durch das Brett hindurch schlagen.

Abdul konzentrierte sich. Er hatte die Augen geschlossen und nur an seiner Körperspannung merkte ich, wie seine Gedanken immer wieder abschweiften. Dann seufzte er erleichtert, öffnete die Augen und schlug das Brett blitzschnell durch. Er sah mich verwirrt an. Er sah auf seine Faust. Und konnte gar nicht glauben, wie leicht das ging.

Mit Zuversicht in die Zukunft zu blicken und sich von den Fesseln der Vergangenheit befreien, kann unglaubliche Kraftreserven aktivieren. Unser volles Potenzial entfesseln wir aber erst, wenn wir die Grenzen zu unseren Mitmenschen überwinden. Wenn wir uns verbunden fühlen. Selbst mit Gegnern. Sich von eigenen Schuldzuweisungen zu lösen ist ein guter Anfang.

EIN UNMORALISCHES ANGEBOT

In unserem Kampfsport-Training ging und geht es immer um die Freiheit. Und den Frieden. Moralische Predigten sind dafür ungeeignet. Moralapostel predigen nur ihre eigenen Vorstellungen von Gut und Böse. Und bedienen sich dabei geschickt der Manipulation durch Schuld und Sünde.

Demgegenüber steht die Ethik. Dort geht es nicht mehr um die subjektive, moralisch sanktionierte und von religiöser Tradition geprägte Bewertung des Menschen. Vielmehr gilt in der Ethik die Menschheit selbst als Mittelpunkt aller Betrachtungen.

Während Moralisten mit dem Zeigefinger auf andere deuten, erkennt die Ethik, dass in dieser Handhaltung gleichzeitig drei Finger auf einen selbst zeigen. Und bemessen das eigene Verhalten immer im Kontext zu Mitmenschen.

Als Jugendlicher war ich vom „Bushido", dem Ehrenkodex der japanischen Samurai, fasziniert. Später erkannte ich, dass die alten Samurai oft gar nicht so edelmütig waren, wie es heute oft scheint. In Wirklichkeit waren sie bloß Soldaten, die gehorsam den Befehlen ihres Herrn folgten. Selbst wenn das Krieg, Gewalt und sinnlosen Selbstmord bedeutete. Da haben sich Historiker später die Dinge ein wenig schöngeschrieben. Deshalb habe ich auch unser Shinergy Logo geändert. Jetzt zeigt es die Flagge der sogenannten „Ronin", der herrenlosen und freien Samurai.

Die grundlegende Ethik der friedvollen Kampfkunst basiert auf dem eigenen Selbstwert, der untrennbaren Verbindung mit dem Gegner und der sinnstiftenden Fähigkeit zur friedlichen Konfliktlösung.

Immanuel Kant war kein Samurai. Wahrscheinlich läutete der Rebell deutscher Philosophie gerade deshalb den Wendepunkt in der Aufklärung ein. Und brachte mit seinem „kategorischen Imperativ" die Grundlage ethischen Handelns auf den Punkt. „Handle nur nach derjenigen Maxime, durch die du zugleich wollen kannst, dass sie ein allgemeines Gesetz werde", schrieb Kant im gewählten Gelehrten-Jargon.

„Was du nicht willst, das man dir tut, das füge auch keinem anderen zu", vereinfacht es der Volksmund.

„Erkenne dich selbst im Gegner", nenne ich dieses Prinzip im Shinergy. Es stellt für mich die Grundlage unserer wertorientierten Trainings dar.

Sich selbst zu erkennen, ist dabei ein erster Schritt. Das üben wir in der Meditation, beim Stehen und bei den Grundtechniken. Um uns der Barrieren im eigenen Denken bewusst zu werden, den Augenblick zu erleben und den Körper mit unserem Geist zu verbinden. „Erkenne den Gegner", heißt der zweite Schritt und steht für die Selbstverteidigung. Denn auch wenn man an seiner eigenen Selbsterkenntnis arbeitet, von seinen Mitmenschen kann man das nicht immer erwarten. Ständig ist man mit Angriffen konfrontiert. Selten mit körperlicher Gewalt. Meist finden die Angriffe auf subtileren Ebenen statt. Wenn man wieder einmal abgewertet und runtergemacht wird. Wenn die eigenen Grenzen ignoriert und überschritten werden. In beiden Fällen ist es wichtig, sich schützen zu können.

Der dritte und wichtigste Schritt verbindet die ersten beiden und schließt den Kreis. Erst wenn man sich selbst im Gegner erkennt und jeden äußeren Konflikt als Spiegel innerster Widerstände respektiert, kann man seinen Frieden finden.

Sharif konnte das. Und bewies es eindrucksvoll. Ich ließ die Burschen wieder einmal im Kreis aufsetzen und holte zwei Jungs in die Mitte. Die anderen sollten beim Kampf zusehen und lernen. Diesmal waren Sharif und Mohamad dran. Sie kämpften sehr schnell und zeigten schöne Kicks. Auf einmal gab es einen lauten Knall. Die beiden krachten gleichzeitig mit ihren Schienbeinen zusammen und schrien vor Schmerzen laut auf. Beide waren verletzt. Und verhielten sich völlig unterschiedlich. Während Sharif sich sofort entschuldigte und seinem Partner einen Eisbeutel holte, blieb Mohamad sitzen und war sehr verärgert. Er warf den Beutel weg und begann Sharif wüst zu beschimpfen. Sharif hatte auch starke Schmerzen. Er blieb aber weiterhin freundlich.

Keiner war an dem Zusammenstoß schuld. So etwas kann immer passieren. Aber nur Sharif wusste das. Für ihn war völlig klar, dass er das nicht absichtlich getan hatte. Und konnte es Mohamad auch zugestehen.

Was Sharif uns damals vor Augen führte, war der schwarze Gürtel spiritueller Weisheit: die Macht der Vergebung.

Zu erkennen, dass jeder Mensch in jedem Moment sein Bestes gibt. Sogar der Gegner. Und sein Verhalten immer auch das Ergebnis von unendlich vielen Erfahrungen, Eindrücken und Prägungen ist. Dann kann man sich im Notfall immer noch verteidigen oder andere auf ihr Verhalten hinweisen. Der Schuldzuweisung, der Wut und der Aggression gibt man aber keine Kraft mehr. Das entspannt ungemein und führt zu einer heiteren Gelassenheit.

Gefühle von Stolz, Scham und Schuld haben dann keinen Platz mehr. Sind sie doch nur die Produkte eines „Ego-Wahns" und mangelnden Selbstwertgefühls. Sich davon zu verabschieden, befreit von moralischer Verachtung, von Schuld und von Minderwertigkeitsgefühlen.

Unterliegt man noch der Illusion, das eigene Ich stehe im alleinigen Zentrum der Welt, ist man auch davon überzeugt, dass alle Niederlagen immer nur auf einen selbst zurückzuführen sind. Genau wie alle Erfolge. Das muss man dann auch jeden Tag beweisen. Mit aller Härte. Und Verbissenheit. Andere, die weniger vorzuweisen haben, sind dann eben selbst daran schuld. Und werden mit moralischer Verachtung bestraft. Andere Meinungen betrachtet man dann argwöhnisch als Gefahr. Könnten sie doch den Trug unseres konstruierten Egos enttarnen und offenlegen, dass man gar nicht so perfekt ist, wie man immer vorgibt zu sein. Obendrein meidet man Kritiker wie der Teufel das Weihwasser und wird sich eigene Fehler niemals eingestehen.

Dafür sucht man sich dann lieber andere Sündenböcke. Und bekämpft sie, wo immer man kann.

Die Verabschiedung egozentrierter Allmacht ermöglicht die kraftspendende Verbindung zu Mitmenschen. Man nimmt sich selbst nicht mehr so ernst und tritt Herausforderungen mit einer fast kindlichen Leichtigkeit entgegen. Im Wissen, dass Erfolge auf unendlich viele Faktoren, Zufälle und viel Glück zurückzuführen sind und es auch anders kommen hätte können. Man muss dann niemandem etwas beweisen und erlebt Mitmenschen und Kritiker als Chance zur persönlichen Weiterentwicklung. Angst, seiner eigenen Unzulänglichkeiten und Fehler überführt zu werden, hat man keine mehr. Weil man nun mal nicht besser sein kann, als man jetzt gerade ist. Natürlich wird man auch weiterhin viele Fehler machen, sie vielleicht sogar bereuen. Für Schuldgefühle bleibt dann aber kein Platz mehr. Für Schuldzuweisungen und Vergeltung auch nicht. Für Toleranz, Mitgefühl und die friedliche Lösung von Konflikten schon. Und für Vergebung.

Sharif wusste das. Und hat uns gezeigt, worauf es in unserem Training wirklich ankommt. Ich glaube sogar, dass kaum ein anderer Weg besser dazu geeignet ist als die Kampfkunst. Sich mutig der archaischen Herausforderung eines Kampfes zu stellen, und kämpfen zu lernen, fordert einen konstruktiven Umgang mit Angst, Wut und Stress. Und ermöglicht es dann, das gegeneinander Kämpfen in ein miteinander Üben zu verwandeln. Wenn man sich mit dem Gegner verbündet und ihn als Spiegel seiner selbst respektiert, kann man daran wachsen und seinen Selbstwert in der uneingeschränkten Hochachtung vor Mitmenschen finden. Und wird nicht mehr kämpfen müssen.

Kämpfen zu können bedeutet, nicht mehr kämpfen zu müssen, war unser Motto. Das war unser Weg.

ZORNZWERGE
UND GIFTNATTERN

Meinen Burschen musste ich das theoretisch nicht erklären. Das funktionierte in der Praxis viel besser.

Ich begann im Training viel mehr auf die individuellen Stärken einzugehen. Jeder konnte etwas besonders gut. Waren das bei den einen die hohen Beintechniken, konnten andere besser boxen. Manche waren sehr kreativ und ich ließ sie neue Übungen erfinden. Andere waren blitzgescheit und erklärten den Anfängern die Prinzipien und Hintergründe des Trainings.

Was aber am meisten zählte, war die Freude am gemeinsamen Training. Nach Turnieren freuten wir uns über die Erfolge und nützten Niederlagen zur Verbesserung. Die Jungs waren viel selbstsicherer. Und beliebt. Bei den anderen Kampfsportlern, die ihnen ihre Erfolge vergönnten und sie als faire Gegner schätzten. Bei unseren Mitgliedern, die sich auch außerhalb des Zentrums mit ihnen trafen. Und bei den Mädchen. Das gab den Burschen Selbstwert.

Dieses Prinzip ist auch einer der wichtigsten Inhalte meiner Coaching-Seminare, in denen ich die Prinzipien der Kampfkunst in der praktischen Anwendung im beruflichen und privaten Alltag zeige. „Alles, was dich an anderen Menschen besonders aufregt, ist ein Hinweis auf deine eigenen Widerstände und inneren Konflikte", leite ich das Thema gerne ein. Und ernte dafür anfangs meist nur ungläubige Blicke. Was soll das bitte mit mir zu tun haben, wenn mich Arroganz, Unpünktlichkeit und Aggressivität aufregten? Mehr als wir denken.

Ansonsten würden sich alle über die gleichen Dinge echauffieren. Tun sie aber nicht. Jeder hat eben seine empfindlichen Punkte. So unterschiedlich die auch sind.

Dies zu erkennen, ist ein erster Schritt. Sich ungeliebte Charakterzüge dann einfach zuzugestehen, wie ich es in Ratgebern schon oft gelesen habe, ist aber keine Lösung. Soll sich jemand, den arrogante Tussis und Machos zur Weißglut bringen, jetzt etwa auch hochnäsig und aggressiv durchs Leben ekeln? Nein, so einfach funktioniert das nicht. Da fehlt noch ein wichtiger Schritt. Und der ist tatsächlich kein leichter. Man muss sich dazu erst in andere hineinversetzten und ernsthaft fragen, warum jemand sich so verhält, wie man es überhaupt nicht ausstehen kann. Zugegeben, wenn es einen selbst betrifft, ist das sehr schwer. Da sollte man sich Hilfe holen und andere um Rat fragen. Vielleicht ist ein Mensch, der auf uns arrogant wirkt, einfach nur stolz darauf, was er kann. Oder er verbirgt damit seine eigene Unsicherheit und Angst vor Nähe. Vielleicht ist der aggressive Parksheriff auch nur durchsetzungsstark und kümmert sich nicht immer nur um die Bedürfnisse anderer. Oder er wurde schon seit dem Aufstehen beschimpft und kümmert sich viel zu wenig um seine eigenen Bedürfnisse. Und die nervige Kollegin, die obendrein auch immer zu spät kommt, ist lediglich viel lockerer in ihrer Zeiteinteilung. Vielleicht ist sie aber einfach nur völlig überfordert mit all den Aufgaben, die sie bewältigen soll. Dann kann man sich die ehrliche Frage stellen, ob das alles vielleicht auch mit einem selbst zu tun hat. Und das hat es mit Sicherheit. Sonst würde man sich nicht so aufregen. Das bringt einen weiter. Jeder Neidhammel, jede Giftschlange und sogar die Zornzwerge aus dem Büro werden dann zu echten Lehrern am Weg der eigenen Selbsterkenntnis. Das macht sie gleich viel erträglicher. Und man kann sie besser verstehen. Man muss sich ja nicht gleich im gemeinsamen Schmusetakt wiegen. Man respektiert sie aber. Und erkennt sich in ihnen.

Meine Burschen sollten sich das immer vor Augen führen. Und selbst Menschen mit Vorurteilen respektvoll begegnen.

Natürlich waren sie auch weiterhin mit Abwertungen, Ausgrenzung und rassistischen Angriffen konfrontiert. Sie nahmen es jedoch nicht mehr persönlich und sahen das jetzt eher als Ansporn. Um sich noch mehr zu bemühen.

Als junger Wettkämpfer lebte ich sehr diszipliniert. Ich trainierte bis zu dreimal am Tag nach einem strengen Plan. Bei Turnieren spielte ich dann den starken Helden, der rücksichtslos seinen Weg geht. Obwohl ich die Hosen meist gestrichen voll hatte. Im Alltag spielte ich weiter. Und hatte überhaupt kein Verständnis für Schwäche, Ängstlichkeit und Gefühlsduselei. Als ich das Training veränderte und achtsamer mit meinen Gegnern umging, änderte sich auch meine innere Haltung. Ich war nicht mehr so streng mit mir, konnte mir eigene Schwächen zugestehen und herzhaft lachen, wenn andere mich darauf hinwiesen.

Meistens lachten wir gemeinsam. Denn im Umgang mit meinen Mitmenschen war ich auch gleich viel entspannter. Und mochte ihre Eigenheiten. Damals begann ich auch, mich mit traumatischen Erlebnissen aus meiner Kindheit auseinanderzusetzen. Ich traf mich mit beteiligten Personen oder schrieb ihnen Briefe. Ich versuchte, sie zu verstehen und konnte ihnen dadurch vergeben. Das heißt nicht, dass man sich schlimme Erfahrungen immer schönreden sollte. Das würde unser inneres Kind verraten. Und es zur Weißglut treiben.

Man kann sich aber zumindest in andere hineinversetzen. Und respektieren, dass sie damals einfach nicht anders handeln hätten können. Sonst hätten sie es mit Sicherheit getan. Dann trauert man, ohne zu verurteilen. Dann kann man vergeben.

Vielleicht sollten wir zwischenmenschliche Dramen und Schicksalsschläge wie Naturkatastrophen betrachten. Nach einem Wirbelsturm oder einem Lawinenabgang wird einem wohl niemand die verzweifelte Trauer absprechen. Dem Wetter und dem Berg wird aber bestimmt auch niemand die Schuld geben.

Das erste
Training!

Alle Kraft ist
schon in uns!

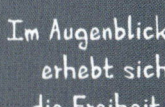

Im Augenblick
erhebt sich
die Freiheit.

Abbas Salih, 26,
Staatsmeister 2018 & 2019,
World Games Sieger 2019,
Weltmeister 2019,
Fahrrad-Techniker

Ali Reza Kazimi, 29,
Staatsmeister 2018 & 2019,
World Cup Sieger 2017,
Vizeweltmeister 2019,
Shinergy Trainer

Ismail Noori, 22,
Staatsmeister 2017 & 2018,
World Cup Sieger 2017,
Koch

Mostafa Merzai, 23,
Staatsmeister 2018,
World Cup Sieger 2018,
HAK Schüler

Sharif Ali Zadah, 23,
Vize-Staatsmeister 2018,
World Cup Sieger 2017,
Tischler

Hussein Evazali,18,
Weiz-Open Sieger 2019,
Staatsmeister 2020,
HTL Schüler

Fein herausgeputzt am Flüchtlingsball
im Wiener Rathaus

Fight for a Job!

Das erste Turnier: Staatsmeisterschaft 2017

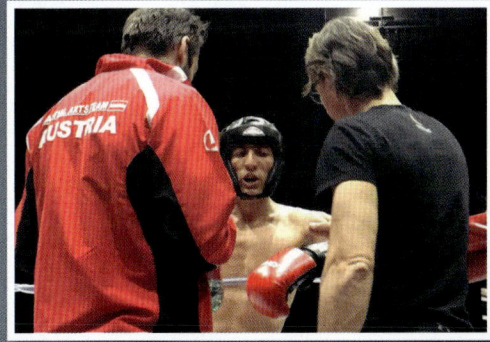

Im Ring zählt nicht,
woher du kommst,
sondern was du kannst!

Einmal ganz oben stehen:
Abbas ist Weltmeister!

Champion der Herzen!

Das Dream Team
bei der Weltmeister-
schaft in Bregenz

Die tapferen Freedom Fighters
von Moria

Arsalan † 2.12.2020

Fünf Stunden Warten:
Essensausgabe im Lager

We are family! Mit Familie Noori auf Lesbos.

Die Hoffnung lebt zuerst.

Nouri wird ein Fußballstar!

Moria brennt!

Hilfe, die ankommt: Spendenübergabe in Kara Tepe.

VII

Kämpfen zu können bedeutet, nicht mehr kämpfen zu müssen.

Volle Kraft voraus!

GOTT UND
DIE WELT

In jedem Training spürte ich eine unglaubliche Dankbarkeit. Wenn die Burschen zur Tür hereinkamen, strahlten sie über das ganze Gesicht, grüßten alle höflich und fragten, ob ich irgendwo Hilfe bräuchte. Und wenn ich welche brauchte, waren alle sofort zur Stelle. Ismail, Abbas, Ali Reza und Sharif kamen in jedes Training.

Die Vier gewannen dann auch überragend, als wir zum zweiten Mal bei den Staatsmeisterschaften im Kickboxen an den Start gingen. Bei der Siegerehrung hatten sie Tränen in den Augen. Vor Freude. Und Dankbarkeit.

Bescheiden verstauten sie die Medaillen in ihren Sporttaschen und kümmerten sich sofort wieder um ihre Teamkollegen.

Wir waren wir jetzt ein richtig großartiges Team geworden. Jeder unterstützte den anderen. Man half sich beim Anziehen der Schutzausrüstung, freute sich mit den Siegern und tröstete sich nach Niederlagen. Die vier Champions waren den anderen Vorbilder. Aufgrund ihres Könnens, ihres Einsatzes und der vielen Erfolge. Vor allem aber wegen ihrer Bescheidenheit.

Ich erinnere mich noch daran, wie Ismail einem klar unterlegenen Gegner gegenüberstand, der offensichtlich an einer motorischen Störung litt. Als zweifacher Staatsmeister hätte Ismail sehr leicht mit spektakulären K.O.-Treffern angeben können. Stattdessen hielt er sich aber zurück, schlug ganz vorsichtig und ließ den anderen am Ende sogar gewinnen. Um ihm anschließend persönlich die Medaille um den Hals zu hängen. Da waren sogar die Kampfrichter berührt. Ali Reza war da nicht anders. Als er zu einer großen Kampfsport-Gala eingeladen wurde, sollte er dort um den gut dotierten Vollkontakt-Titel in den Ring steigen. Ali Reza sagte ab. Weil er seinen Gegner kannte und wusste, dass dieser nur wenig Erfahrung hatte. Obwohl er das Geld gut brauchen hätte können, hat er auf den sicheren Sieg verzichtet. Abbas und Sharif beeindruckten auf der Kampffläche durch blitzschnelle Manöver, präzise Techniken und herausragende Siege. Im Training kümmerten sie sich liebevoll um Anfänger, zeigten ihnen geduldig die einfachsten Bewegungen und ließen sie in Übungskämpfen auch Treffer landen. Ihre Liebenswürdigkeit war überwältigend. Am liebsten hätte ich sie ständig umarmt.

Sharif und Abbas musste man einfach gernhaben. Sie strahlten so eine Herzensgüte aus. Obwohl sie Schreckliches erlebt hatten.

Sharif flüchtete, weil er in Afghanistan schon auf der Fahndungsliste von Milizen stand. Hätten sie ihn in die Finger bekommen, wäre das sein sicheres Ende gewesen.

Abbas öffnete die Tür, als irakische Milizen nach seinem Vater fragten. Er rief ihn aus der Küche und winkte noch zum Abschied. Der Vater kam nie wieder zurück. Er wurde erschossen, und Abbas fand ihn am nächsten Tag tot im Straßengraben. Seinen Lebensmut hat sich Abbas dennoch bewahrt.

Woher Abbas seine Kraft schöpfte, wurde mir bei der Reise zum Kickboxing World Cup in Kroatien klar. Wir saßen im Auto und plauderten über unser Training. Ich interessierte mich auch für den Islam und fragte Abbas ganz beiläufig nach seinem Glauben. Abbas war davon überrascht und schwieg. Dann begann er zaghaft zu sprechen. Er erzählte, dass er schon seit seiner frühesten Kindheit auf Gott vertraute. Auch wenn er mit den strengen Regeln des Islam nicht so gut zurechtkam, betete er doch mehrmals am Tag und las abends im Koran. Die dort beschriebenen Ereignisse waren ihm immer ein wichtiger Wegweiser. Für ihn war das alles völlig real. Für ihn waren Adam und Eva die ersten Menschen, der Prophet Mohamed empfing persönlich die Botschaft von Gott und seiner Meinung nach hat sich alles genauso zugetragen hat, wie es die Heilige Schrift beschreibt.

Ich war völlig baff. Normalerweise sind solche Aussagen für mich ein Grund, sofort anzuhalten. Und auszusteigen. Mit Religion hatte ich nichts am Hut. Sie machte mich wütend.

Das liegt sicher auch an der kleinbürgerlichen Umgebung, in der ich am Land aufwuchs. Wo die Kirche noch als moralische Instanz gilt und am Sonntag alle ihrem heiligen Schein frönen, während sie die restliche Woche lügen, betrügen und ihre Nachbarn ausrichten. Mit Sicherheit liegt das aber daran, dass ich als Jugendlicher sehr darunter gelitten habe, dass ich meine traumatischen Erlebnisse hinter dem dunklen Schleier religiöser Doppelmoral verstecken musste. Und meine Hilferufe vom Geschwätz weltfremder Pfarrer übertönt wurden.

Ich bin später aus der Kirche ausgetreten und reagierte sehr empfindlich, wenn andere mit ihren verhärmten Moralpredigten und vererbten Sündenfällen daherkamen. Wenn sie sich dann noch in ihrer lasterhaften Selbstbeweihräucherung suhlten, Frauen abwerteten und Menschen, die nicht ihren Vorstellungen entsprachen, verurteilten, konnte ich echt ausflippen.

Diesmal war es aber anders. Ich hörte Abbas gespannt zu und war von seinen Erzählungen berührt. Abbas erzählte, woran er persönlich glaubte. Und was ihm Hoffnung gab. Er stellte dabei nie irgendeinen Anspruch an andere. Schon gar nicht stellte er sich über sie. Er wollte niemanden bekehren und musste niemandem etwas beweisen. Abbas glaubte an Gott und fühlte sich von ihm geliebt.

Mich hat das sehr bewegt. Nie zuvor empfand ich so einen so tiefen Respekt vor dem Glauben eines anderen Menschen. Warum sollte ich Abbas kritisieren? Wo es ihm doch so viel Hoffnung gibt. Woher sollte ich wissen, was stimmt und was nicht? Woher nahm ich mir das Recht, andere Menschen in ihrem Glauben abzuwerten und sie zu belächeln?

Abbas hat mich beeindruckt. Weil er so gütig, mitfühlend und bescheiden war. Und weil er verbunden war. Mit sich selbst, mit seinen Mitmenschen und mit noch etwas anderem, das viel größer war als er. Mit seinem ganz persönlichen Gott. Er hatte seinen Glauben und die Zuversicht, dass alles so war, wie es sein sollte. Und er selbst genau so war, wie er konnte. Was immer auch passierte, er fühlte sich geliebt. Das schenkte ihm Hoffnung. Und gab ihm Kraft, schwere Zeiten zu überstehen.

Mehr braucht es nicht. Wenn man sich geliebt fühlt und tief in sich davon überzeugt ist, es wert zu sein. Dann kann einen auch nichts davon abbringen, dankbar, zufrieden und mitfühlend zu sein. Dann kann einen nichts mehr erschüttern.

Auch Ismail, Sharif und Mostafa waren in ihrem Glauben verwurzelt. In schweren Zeiten hat ihnen das Kraft gegeben. Und ihr Leben gerettet. Auch wenn sie mit den strengen Dogmen ihrer Religion nur wenig anfangen konnten und so gut wie nie die Moscheen besuchten.

Wahrscheinlich gerade deshalb. Denn so eine uneingeschränkte Wertschätzung, wie sie sich vielleicht noch in mütterlicher Liebe zum eigenen Kind erahnen lässt, kann nur von einer uneingeschränkt liebenden Kraft ausgehen. Ein zorniger und strafender Gott würde das niemals fertigbringen.

Das Gespräch mit Abbas hat mich verändert. Und befreit. Von kindlichen Allmacht-Fantasien und dem Irrglauben, dass die ganze Verantwortung auf meinen Schultern lastet. Ich glaubte, alleinig dafür verantwortlich zu sein, was mir widerfuhr. Und hatte die Verantwortung für alle anderen.

So eine übertriebene Retter-Rolle wurzelt meist in egozentrischer Weltsicht, den daraus resultierenden Schuldgefühlen und dem Glauben, nur liebenswert zu sein, wenn man sich für alle anderen aufopfert.

Da kann ein Blick in den Sternenhimmel erleichternd wirken. Wenn man erkennt, wie unendlich groß das Universum ist. Und wie klein dagegen die Handlungskompetenz eigener Nichtigkeit.

Da kann man tun, was man will, das Universum wird das nur wenig beeindrucken. Man nimmt sich als kleiner Teil des großen Ganzen wahr. man fühlt sich darin sicher. Und geliebt.

Die Kirche und ihre menschgemachte Unmenschlichkeit können mir immer noch gestohlen bleiben. Darüber, dass auf einem staubkorngroßen Planeten eines schier unendlichen Multiversums Nachkommen von Affen leben, die ernsthaft glauben, ihresgleichen habe alles erschaffen, kann ich nach wie vor herzhaft lachen. Aber ich respektiere andere Menschen in ihrem Glauben. Und habe meinen gefunden.

„Glauben heißt, nicht zu wissen", sagt man. Und trifft damit den Nagel auf den Kopf. Manche Dinge muss man gar nicht wissen. Man kann sie fühlen. Die Verbundenheit zu einer liebevollen Kraft, die größer ist als wir selbst. Dann spürt man auch die Verbundenheit zu sich selbst und das Vertrauen, es wert zu sein, zu leben. Man fühlt sich geliebt.

Ich glaube nach wie vor, dass ich dafür verantwortlich bin, was ich tue. Und versuche zu verändern, was ich ändern kann. Im Vertrauen, dass ich nicht verändern muss, was ich nicht ändern kann. Ich möchte das eine vom anderen unterscheiden lernen und fühle mich darin gut aufgehoben. Ich fühle mich geliebt.

Abbas hat den Worldcup in Kroatien dann gewonnen. Der 16-jährige Mahdi holte die Silbermedaille und wir lachten die ganze Heimfahrt über.

TODESURTEIL

Zurück in Wien wollten wir den Erfolg mit den anderen feiern. Die gute Laune ist uns aber schnell vergangen. Ismail rief an und erzählte, dass sein Asylantrag schon wieder abgelehnt worden war. Er war verzweifelt. Ich konnte es nicht glauben. Ismail war aus Kabul geflohen, weil er dort in ständiger Lebensgefahr war. Er hatte eine Lehrstelle im Hotel Sacher, war zweifacher Staatsmeister und lebte mit seiner Lebensgefährtin in seiner eigenen Wohnung. Ismail hatte allen Grund zur Flucht aus seiner Heimat gehabt und war perfekt integriert. Warum wurde sein Antrag abgewiesen?

Den anderen erging es nicht besser. Ich begleitete Mostafa zu seiner zweiten Asylverhandlung ins Bundesverwaltungsgericht Wien. Er war sehr nervös. Trotzdem erzählte er dem Richter ausführlich über seine Verfolgung durch religiöse Extremisten und die Morddrohungen. Er erzählte auch, wie er sich ein ganzes Jahr lang als illegaler Bauarbeiter im Iran durchschlagen musste und es letztendlich bis nach Österreich geschafft hat.

Das alles erzählte er in perfektem Deutsch. Der Dolmetscher saß nur still daneben. Den Richter schien das aber nicht zu beeindrucken. Er unterbrach Mostafa ständig, versuchte ihn immer wieder in Widersprüche zu verwickeln und schüttelte bei Mostafas Erklärungen nur ungläubig den Kopf. Ich wurde als Zeuge einvernommen. Ich erzählte, wie großartig sich Mostafa integriert hatte und wie bemüht er in der Handelsakademie war. Ich erzählte von seinen sportlichen Erfolgen und legte eine offizielle Bestätigung vom Verband vor. Das half nichts. Mostafas Asylantrag wurde abgewiesen.

Auch Ali Reza habe ich zu seiner Asylverhandlung begleitet. Er wartete schon am Eingang, gemeinsam mit seiner Patenmutter, einem Anwalt und seiner Lebensgefährtin. Ali Reza wirkte sehr ängstlich. Den Richter kannte er zwar noch nicht, den bestellten Gutachter, der dem Richter zur Seite gestellt wurde, aber schon. Bei den Burschen, die meist der Volksgruppe der Hazara angehörten, war dieser gefürchtet. Weil er als Usbeke mit seiner Abneigung gegen ihren freieren Umgang mit Religion und Frauenrechten nicht hinter dem Berg hielt. Während der Richter sachlich blieb, unterbrach ihn der Gutachter ständig, verdrehte die Aussagen von Ali Reza und unterstellte ihm zu lügen. Interessiert hat ihn Ali Rezas Aussage aber nicht. Der Gutachter schlief während des Verfahrens sogar ein. Ali Reza kämpfte bis zur letzten Sekunde. Sein Asylantrag wurde trotzdem abgewiesen.

Den anderen erging es genauso. Obwohl sie eindeutige Fluchtgründe belegen konnten und allesamt perfekt integriert waren, wurden ihre Asylanträge vom Gericht abgewiesen.

Das hat den Burschen zugesetzt. So ein Negativ-Bescheid bedeutet, dass sie kurz vor der Abschiebung standen. Meist lief das dann so ab, dass sie unter einem Vorwand zur Polizei bestellt, ihnen dort alle Ausweise abgenommen wurden und sie nur noch darauf warten konnten, von der Fremdenpolizei abgeholt zu werden. Um gewaltsam in ein Flugzeug gesetzt zu werden. Dann bringen sie dich zurück. Dorthin, woher du geflüchtet bist und nach deiner Rückkehr in ständiger Lebensgefahr bist. Es kamen auch Burschen ins Training, denen ihre Ausweise schon abgenommen wurden. Oft tauchten sie dann unter und versteckten sich bei Freunden. Ohne einen Cent in der Tasche, ohne jegliche Krankenversicherung und in ständiger Panik, bei zufälligen Routinekontrollen verhaftet zu werden und in Schubhaft zu kommen. Ins Training kamen sie nur selten. Und wenn sie gingen, versteckten sie sich zuerst ängstlich hinter der Rezeption und hielten Ausschau nach Polizisten, bevor sie gehetzt zur U-Bahn liefen. Sie galten als „Illegale". Was für eine furchtbare Bezeichnung für Menschen.

Fast alle Burschen hatten große Angst. Sie fürchteten um ihr Leben. Eine Abschiebung kam meist einem Todesurteil gleich. Kabul galt weltweit als völlig unsicher. Bomben, Terror und Milizen – Rückkehrer wurden gnadenlos verfolgt.

Manche brachen unter diesem Stress zusammen.

Nassier zum Beispiel war immer ein sehr freundlicher und aufgeweckter junger Mann. Nachdem sein Asylantrag zum zweiten Mal abgelehnt wurde, litt er unter schwersten Depressionen und war kaum wiederzuerkennen. Die Medikamente machten ihn völlig benommen und er konnte dem Training kaum noch folgen. In der Garderobe weinte er bitterlich und erzählte, dass er keinen Ausweg mehr sah. Der einzige Verwandte, den er in Kabul noch hatte, war schwer heroinsüchtig und er selbst wurde dort wegen seines Engagements für die Meinungsfreiheit verfolgt. Nassier war völlig verzweifelt. Eines Abends verabschiedete er sich von mir, umarmte mich und bedankte sich dafür, dass wir ihn im Training aufgenommen hatten. Das waren für ihn die Momente, wo er sich wirklich wertgeschätzt fühlte. Nassier flüchtete noch in der gleichen Nacht nach Paris, lebte dort monatelang auf der Straße, wusch sich in Pfützen und bettelte um Essen. Und trainierte jeden Tag. Nassier gründete sogar eine kleine Gruppe mit Obdachlosen und schickte mir immer wieder Fotos vom gemeinsamen Training. Er schreibt mir heute noch. Dass er von uns geträumt hat und hofft, mich eines Tages wiederzusehen. „Pass gut auf dich auf! Wir werden uns bald wiedersehen, lieber Nassier", antworte ich immer darauf. Und träume davon, dass es wirklich passiert.

Auch Sharif ging es schlecht. Er lebte bei einer liebevollen Patenmutter, wollte mit einer Lehre zum Tischler starten und war im Asylverfahren bereits zweimal abgewiesen. Sharif zog sich immer mehr zurück und sprach kaum noch ein Wort. Ich mochte ihn sehr. Ins Training kam er aber nur noch selten. Und wenn er kam, war er in Gedanken ganz woanders. Trotzdem gab er auf seine Trainingspartner, die ihm meist unterlegen waren, besonders acht. Die Lage spitzte sich noch zu und Sharif musste die Nächte im Flüchtlingsheim Traiskirchen verbringen. Am Heiligen Abend holte ich ihn ab. Er saß mit seiner Patenmutter friedlich bei einem kleinen Christbaum, musste seine Sachen zusammenpacken und ich brachte ihn in das Lager, wo er vor vielen Jahren angekommen war. Beim Abschied weinten wir beide.

SCHREI
NACH LIEBE

Dann ging es Schlag auf Schlag. Die Asylverfahren fast aller Burschen waren abgelehnt worden. Das hat sie verändert. Viele kamen
nur noch sehr selten. Und waren alles andere als bei der Sache.

Eine kleinere Gruppe grenzte sich immer mehr von den anderen ab und traf sich jetzt regelmäßig zum Thaibox-Training in
einem Kampfsportverein für Afghanen und Iraner.

Thaiboxing kann man sehr technisch üben. Und dabei auf den
Partner achten. In vielen Vereinen wird aber ein eher brachialer
Stil unterrichtet. Was dort zählt, sind Härte und das blinde Ein-
prügeln auf den Gegner. Auf technische Feinheiten, Taktik oder
gar die entsprechende Geisteshaltung wird weniger Wert gelegt.

Ich konnte sogar verstehen, warum die Jungs dort hingin-
gen. Ihre Asylanträge wurden abgewiesen, sie fühlten sich ausgegrenzt, hatten Angst und waren wütend. Dort fanden sie Gleich-
gesinnte, die ihren inneren Schmerz im brutalen Kräftemessen zu
lindern versuchten. Und im Schmerz des anderen.

Unser starker Zusammenhalt und die Ideale unseres Trainings jedoch gerieten dadurch ins Wanken.

Weil die Burschen das Training nicht mehr wertschätzten,
sich nur noch widerwillig zur Meditation hinsetzten, beim Stehen andere veräppelten und an den Schlagpolstern mit brachialen
Thaibox-Techniken prahlten. Bei den Partnerübungen nahmen sie
keine Rücksicht. Blind vor Wut schlugen sie um sich. Ohne Kontrolle, ohne Technik, dafür mit voller Kraft und Gewalt. Ich musste

die Übungen oft abbrechen, weil viel zu hart geschlagen wurde und es immer wieder zu Verletzungen kam. Bald wollte niemand mehr mit ihnen trainieren.

Die Mitglieder wollten das auch nicht mehr. Sie kamen ins Training, weil sie sich für die Inhalte der Kampfkunst interessierten. Weil sie mit Freude die Techniken üben und sich danach in freundschaftlicher Atmosphäre austauschen wollten. Niemand hatte Lust, sich mit übertriebener Härte, unnötiger Gewalt und irgendwelchen Männlichkeitsgebärden auseinanderzusetzen.

In den Kursen der Freedom Fighters war das auch nicht anders. Ismail, Hussein und Abbas kamen deshalb nur noch in die Stunden für Mitglieder. Ali Reza, Mostafa und Sharif trafen sich am Vormittag. Mit den Unruhestiftern wollten sie nichts zu tun haben. Manchmal hatte ich das Gefühl, die Burschen schämten sich sogar für das Verhalten der anderen. Für ihr ständiges Angeben, ihre rigiden Ansichten und den übertriebenen Nationalstolz. Ständig fotografierten die sich mit afghanischer Flagge. Und mit geballten Fäusten.

In einem Geschäft für Kampfsportartikel traf ich zufällig auf den iranischen Trainer besagten Vereines. Es war eigenartig. Er bemühte sich zwar um freundliche Miene, sprach aber gleichzeitig sehr abwertend über unser Training. Er meinte, dass nur die Schwächlinge dorthin gingen, weil es kostenlos war. Die konnte er sowieso nicht brauchen und schickte sie gerne zu mir. Richtige Männer, die richtig kämpfen lernen wollten und auch hart genug dazu waren, seien bei ihm besser aufgehoben. Er begann dann noch lang und breit über seine Erfolge als Kämpfer zu erzählen. Der Geschäftsinhaber, den ich schon lange kannte, stand dahinter. Und hatte das scheinbar schon oft gehört. Zumindest gab er mir das mit einem angedeuteten Gähnen zu verstehen. Ich gratulierte dem guten Mann und redete mir am Heimweg ein, dass mir so etwas überhaupt nichts ausmachte.

Was sollte ich tun? Ich konnte den Burschen das Training im iranischen Verein nicht verbieten. Aber ich wollte auch nicht dabei zusehen, wie sie die Anfänger verprügelten, die sich noch in den Kurs trauten, um sich danach in der Garderobe über sie lustig zu machen.

Es machte einfach keine Freude mehr. Immer und immer wieder erklärte ich ihnen die Techniken, die Taktik und unsere Philosophie. Und wies die Burschen zurecht, wenn sie wieder rücksichtslos aufeinander einprügelten.

Die schien das aber überhaupt nicht zu beeindrucken. Schon gar nicht bei Turnieren. Sie kämpften sehr aggressiv, kümmerten sich nicht um Technik und schlugen blind auf die Gegner ein. Dazu feuerten sie sich gegenseitig mit persischen Kampfparolen an und verhöhnten nach Siegen ihre Gegner. Wenn sie verloren, konnten sie sich überhaupt nicht mehr beruhigen, begannen die Kampfrichter zu beschimpfen und protestierten im Sitzstreik gegen deren vermeintliches Fehlurteil. Mein Coaching und Ermahnungen zwischen den Runden waren völlig zwecklos. Ständig standen zwei Afghanen neben dem Ring und fielen mir in der Pause laut ins Wort.

Ich begann zu zweifeln. Und konnte mich immer schwerer dazu aufraffen, die Kurse zu leiten. Das Schlimmste kam aber noch.

EIN
ALBTRAUM

Ich bemerkte, dass einige Jungs nach dem Training heimlich miteinander tuschelten. Sobald ich dazu kam, hörten sie sofort damit auf und taten, als sei nichts gewesen. Mich ärgerte das. Ich wollte wissen, was los war. Niemand wollte mit mir darüber sprechen, aber ich ließ nicht locker. Amin traf ich dann im Park und sprach ihn darauf an. Zuerst redete er noch um den heißen Brei herum, aber dann erzählte er mir, was passiert war. Im Wiener Prater hatte es eine wilde Schlägerei zwischen jungen Männern aus Afghanistan und einer Gruppe Tschetschenen gegeben. Es ging dabei um Revieransprüche zum Verkauf von Marihuana. Schlimm genug. Das Schlimmste daran aber war, dass auch ein junger Mann aus unserem Training darin verwickelt war. Und einen anderen mit spektakulären Drehkicks niederschlug. Seine Freunde im Prater waren davon beeindruckt. Meine Freedom Fighters waren das nicht. Weil sie Gewalt ablehnten und schon erlebt hatten, wozu das führt. Vor allem aber, weil sie genau wussten, wie ich dazu stand.

Ich wurde wütend. Das Schlimmste, was ich mir vorstellen konnte, war eingetreten: eine brutale Schlägerei. Mittendrin einer meiner Burschen, der seinen Gegner mit Tritten niederstreckte. Und ich hatte ihm das auch noch beigebracht.

Der Übeltäter kam zwar schon lange nicht mehr zum Training, aber meine Burschen hatten Angst, dass dieser Vorfall zur Beendigung des Projekts führen könnte. Das hatte ich immer wieder betont: Wenn ein Freedom Fighter in eine Schlägerei gerät und dort unsere Techniken anwendet, breche ich unser Training sofort ab.

Jetzt war es also soweit. Und ich war am Boden zerstört.

All die Jahre über hatte ich das Gefühl gehabt, das Richtige zu tun. Und mit meinem Handwerk einen Teil dazu beitragen zu können, die Burschen für ihr Leben in Freiheit zu wappnen. Ihren Selbstwert zu stärken. Mit Angst und Wut konstruktiv umgehen zu lernen. Und ihnen die Fähigkeit zu vermitteln, Konflikte friedlich zu lösen. Und jetzt?

In mir ist alles zusammengebrochen. War ich ein Träumer? Ein weltfremder Spinner? Hatte ich wirklich geglaubt, ich könnte Kriegsflüchtlingen gefährliche Schläge und Tritte beibringen und dann erwarten, sie würden verantwortungsvoll damit umgehen? Hatten das die Kritiker die ganze Zeit über gewusst? Hatte Harald Vilimsky recht?

Es machte einfach keinen Sinn. Die Kampfkunst war mein Leben. Jeden Tag kämpfte ich darum, meine Rechnungen zahlen zu können und stand am Abend in der Halle, um Kriegsflüchtlinge kostenlos zu unterrichten. Ich hatte viel Zeit geopfert, hatte meine Familie und mein Zentrum vernachlässigt, nur um dabei zuzusehen, wie einer nach dem anderen im Asylverfahren abgelehnt wurde und sich in Depressionen und Selbstmordgedanken flüchtete. Während sich andere sowieso nicht für unsere Philosophie interessierten und lieber in einem Thaibox-Keller aufeinander einprügelten. Oder in wilden Schlägereien im Prater.

Ich wollte aufgeben. Ich wollte es sein lassen und endlich wieder mehr Zeit mit meiner Familie verbringen. Und mit meinen Mitgliedern. Die wussten das wenigstens zu schätzen und ließen sich nicht in Straßenkämpfe verwickeln. Die waren anständig. Sie waren es wert.

Ich rief Sharif und Ali Reza an und vereinbarte ein Treffen. Ich teilte ihnen meinen Entschluss mit und bat sie, alle anderen darüber zu informieren. Ismail und Mostafa kamen später auch noch dazu. Sie konnten mich gut verstehen. Sie bedankten sich für meinen Einsatz und versicherten mir, dass es ihnen leidtat.

Auf den Schläger waren sie wütend. Und traurig, dass unser Training endete.

Ich brachte die Vier zur U-Bahn und ließ sie an einer Kreuzung aus dem Auto aussteigen. Ich sah ihnen wehmütig nach. So wunderbare und anständige Burschen, die sich noch nie etwas zu Schulden kommen ließen. Am Feld in Traiskirchen sind wir uns begegnet. In der gleichen Welt. Im gleichen Geist. Wir hatten gemeinsam so viel Schönes erlebt. Wurden Freunde.

Plötzlich wusste ich, dass es nicht richtig war, was ich da tat. Ich sprang aus dem Auto, lief ihnen nach und schrie: „Kommt zurück! Kommt mit zu mir nach Hause, Jungs. Lasst uns reden".

Wir redeten die ganze Nacht. Darüber, wie sich unser Training verändert hatte und wie es ihnen damit erging. Sie hatten so viel Stress. Ständig mussten sie sich mit neuen Herausforderungen auseinandersetzen, immer ihr Bestes geben und sich dann auch noch mit rassistischen Vorurteilen und abgelehnten Asylansuchen herumschlagen. Das Training war für sie immer ein Ort der Zuflucht gewesen. Wo sie alles vergessen konnten und sich sicher fühlten. Weil sie wertgeschätzt wurden. Weil sie zur Ruhe fanden. Und die Übungen auch im Alltag einsetzen konnten. Jetzt war das nicht mehr so. Im Training ging es nur noch um Wettkämpfe und Medaillen. Jeder versuchte den anderen zu übertreffen. Das erzeugte irren Druck und Stress.

Ich entschuldigte mich bei den Burschen. Und war schockiert. Weil ich fast in die gleiche Falle getappt war wie die rechten Kleingeister, die ich für ihre Vorurteile verachtete. Ich unterrichtete zu diesem Zeitpunkt sicherlich schon mehr als 150 junge Männer aus Afghanistan, Syrien und dem Irak. Ein einziger wurde straffällig. Und was machte ich? Ich verurteilte dafür die ganze Truppe und wollte das gemeinsame Training beenden.

Das war ein großer Fehler. Ich versprach den Burschen, dass wir weitermachen. Ich würde mir ihre Anliegen zu Herzen nehmen. Und unser Training darauf abstimmen. Wie ich das genau machen sollte, wusste ich aber nicht.

DAS ZWEISCHNEIDIGE SCHWERT

Am nächsten Tag tat ich, was ich immer machte, wenn ich nicht weiterwusste. Ich fuhr in die Auwälder meiner Heimat. Im Gepäck hatte ich mein Katana, mein japanisches Schwert. Eigentlich eine tödliche Waffe, strahlt es für mich eine unglaubliche Faszination aus. Durch die elegant geschwungene Form, die hingebungsvoll geschmiedete Klinge und die edle Verarbeitung mit Rochenhaut und Magnolienholz. Durch seine Schönheit. Für mich war ein Katana immer schon das Symbol für den Geist friedvoller Krieger. Es kann verletzten. Und beschützen.

Ich ging zu dem alten Baum, unter dem ich schon als Kind geübt hatte und begann zu meditieren. Dann brachte ich im Stehen meine Energie in Schwung, wärmte mich kurz auf und begann Schläge, Tritte und Verteidigungen zu üben. Zum Schluss schnappte ich mir mein Schwert und kämpfte damit gegen imaginierte Gegner. Die Zeit schien dabei stillzustehen. Wie damals, als ich hier im Wald meine kindlichen Träume zum Leben erweckte. Und genau hier wusste ich plötzlich, was zu tun war.

Ich musste unser Training wieder dorthin zurückbringen, wo alles begonnen hatte. Zu den Idealen der Kampfkunst. Zu gegenseitigem Respekt und der Achtsamkeit. Zur Konfrontation mit Kampf, Angst und Wut. Und zu der Begegnung mit Zuversicht, Mut und Liebe. Zum Frieden und zur Freiheit.

Ich musste das Training vom verbissenen Streben nach Erfolg und Medaillen befreien. Zurückkehren zur Achtsamkeit und der

Verbindung von Körper und Geist. Die Hingabe an den Augenblick und die Veredelung der Techniken durch Verantwortung ins Zentrum stellen.

Den Raufbold wollte ich rausschmeißen. Musste ich aber gar nicht. Sharif erzählte mir, dass dieser nur einige Male dabei gewesen war und schon lange nicht mehr kam. Den Unruhestiftern aus den rabiaten Thaibox-Kursen wollte ich noch eine Chance geben. Ich stellte klare Regeln auf und machte ihnen klar, worauf es in unserem Training ankommt. Sie konnten sich dann frei entscheiden, ob sie weiterhin dabei sein wollten oder nicht.

Freiheit heißt nicht, tun zu können, was man will. Sondern nicht tun zu müssen, was man nicht will. Man kann auf einer Yacht in der Südsee liegen und sich unfrei fühlen. Und man kann sich seiner Verantwortung bewusst sein. Und sich völlig frei dabei fühlen.

Ab sofort sollte sich jeder seiner Verantwortung für die ganze Gruppe bewusst sein. Und für alle anderen Asylwerber. Jede Schlägerei und andere Gesetzesbrüche waren völlig indiskutabel, führten zum sofortigen Ausschluss und würden sofort zur Anzeige gebracht. Dazu ließ ich alle eine Erklärung unterschreiben.

Ich begann die Meditation und die Übung des Stehens wieder mehr zu betonen. Ließ die Burschen sitzen, bis ihnen die Beine einschliefen und solange stehen, bis sie jede schmerzhafte Anspannung aufgeben mussten. Ich wiederholte die Grundtechniken, achtete auf Präzision und ließ die Burschen stundenlang daran feilen.

Das Schlag- und Tritt-Training veränderte ich auch. Anstatt mit voller Wucht zu schlagen, durften die Jungs gerade mal die Oberfläche der Pölster und Sandsäcke berühren. Aber nur mit den Wollfäden, die ich ihnen um ihre Hand- und Fußgelenke band. Dann mussten sie die Schläge und Tritte ganz präzise ausführen und blitzschnell zurückziehen. Was sie damals noch nicht wussten war, dass sie ihren Körper jetzt wie eine Peitsche bewegten. Und die Techniken dadurch noch explosiver und wirkungsvoller wurden.

Freien Kampf und Sparring gab es nicht mehr. Die Schutz-ausrüstung versteckte ich im Keller und ließ alle Partnerübungen ohne jeden Kontakt ausführen. Wer den anderen auch nur leicht berührte, pumpte zwanzig Liegestütze.

Das alles hatte große Wirkung. Die Burschen waren gleich viel konzentrierter und die Atmosphäre im Training weit weniger angespannt. Ihre Bewegungen waren elegant, schneller und präziser. Vor allem aber konnten sie ihre Techniken jetzt perfekt kontrollieren.

Den meisten hat das gut gefallen. Manchen nicht. Die, die blieben, blieben respektvoll. Und achtsam.

LEKTIONEN
IN DEMUT

Die Achtung des Gegners und der gegenseitige Respekt waren immer das Wichtigste. Das geht über ein rücksichtsvolles Kämpfen weit hinaus. Vielmehr entsteht dadurch die untrennbare Verbindung zum anderen. Dann kämpft man nicht mehr gegeneinander. Man übt dann miteinander. In Hochachtung.

Hochachtung unterscheidet sich von Toleranz und Akzeptanz. Da geht es nicht um „Na gut, ich akzeptiere dich dann mal eben richtig. Und toleriere deine falsche Meinung". Sich in Hochachtung zu begegnen, durchbricht die Barriere von richtig und falsch. Beide haben recht. Weil beide im Moment ihr Bestes geben. Und sich darin stützen.

Ich freute mich immer, wenn ich hörte, dass sich die Burschen gegenseitig unterstützten. Sie halfen sich beim Lernen, tauschten Infos zu Asylverfahren aus und vermittelten sich Ansprechpartner zu Deutschkursen.

Ich wollte den Burschen noch eine weitere Perspektive geben und lud sie ein, bei der Shinergy Trainer Ausbildung teilzunehmen.

Die Ausbildung ist sehr intensiv in der Praxis und in der Theorie. Neben praktischen Lehrauftritten und den Abläufen unseres Trainings stehen dabei Methodik, Anatomie und Trainingswissenschaften am Programm. In kompakten Seminaren sitzen die Teilnehmer stundenlang vor dicken Skripten und werden mit Details zu Zen, Integration von verdrängten Bewusstseinsbereichen, der Energiebereitstellung, funktionellen Muskelketten und Methoden des Krafttrainings zugeschüttet. Das überfordert viele.

Die Burschen hat das besonders gefordert, auch wenn sie schon ganz gut Deutsch sprachen. Sich über systemische Psychologie, das Polaritätsprinzip und die ATP-Spaltung im Zitrat-Zyklus zu unterhalten, fällt aber selbst eingefleischten Germanisten schwer.

Jedes Wochenende saßen sie da, verstanden nur die Hälfte und lernten die andere zu Hause nach. Mostafa war besonders fleißig. Akribisch machte er sich ständig Notizen und traf sich mit unseren Trainern.

Er war dann auch der Einzige, der zur abschließenden Diplomprüfung antrat und sie mit sehr gutem Erfolg bestand. Die anderen mussten noch ihr Deutsch verbessern, hatten aber zumindest die Ausbildung absolviert. Und konnten die Abschlussprüfung später nachholen. Mostafa hat dann auch eigene Kurse geleitet und Stunden vertreten.

Abbas und Ismail halfen als Trainer bei unseren Sommercamps für Kinder aus. Die Kinder liebten sie.

Für Ali Reza hatte ich ein besonderes Angebot. Die Burschen respektierten ihn und alle hörten auf sein Wort. Ich bot Ali Reza deshalb an, einen eigenen Kurs für Freedom Fighters zu leiten. Seitdem steht er jeden Sonntag als Trainer auf der Matte. Manchmal komme ich vorbei und schaue durch die Scheiben dabei zu. Dann sehe ich, wie Ali Reza die anderen unterstützt und erinnere mich, wie er selbst zum ersten Mal ins Training kam.

Ihre Mitmenschen zu unterstützen, war den Burschen immer ein besonderes Anliegen. Sie wollten sich dankbar dafür zeigen, in unserem Land und in Sicherheit leben zu dürfen. Und schienen daraus Kraft zu schöpfen. Abbas reparierte alte Fahrräder und war vom Gedanken getragen, das für sozial benachteiligte Menschen zu tun. Ismail kochte im Sacher. „Ich werde Chefkoch werden und kostenlos für die obdachlose Österreicher kochen. Dann kann ich mich für alles bedanken", sagte er. Außerdem half er in einem Altersheim. Viele arbeiteten bei karitativen Projekten und Vereinen mit. Ali Reza, Mostafa und Sharif engagierten sich im Verein „Pier", der Geflüchteten kostenlose Deutschkurse, Unterstützung und Diskurse zu heiklen Themen wie Homosexualität anbot. Die drei traten auch öffentlich für die Gleichstellung von Frauen in Kabul ein, organisierten Frühstück für Obdachlose und hielten Mahnwache bei den Denkmälern für die Opfer des Holocaust.

„Und wie trägst du mit deiner Arbeit zu meinem Glück bei?", frage ich die Teilnehmer immer zum Abschluss meiner Firmen-Seminare. Weil ich das für eine große Kraftquelle halte. Für das Unternehmen. Und jeden einzelnen Mitarbeiter. Natürlich arbeitet man auch für sich selbst. Und freut sich am Monatsende über den Gehaltsscheck. In seinem Beruf aber auch einen gleichzeitigen Nutzen für Mitmenschen zu erkennen, wird das innere Feuer erst wirklich entfachen. Viele Menschen können sich das kaum noch vorstellen, quälen sich Tag für Tag durch ihren Job. Ein „Burnout" gilt heutzutage schon als Sinnbild für Strebsamkeit. Und entsteht, meiner Meinung nach, nicht bloß durch Überforderung, sondern vor allem dadurch, dass man überhaupt keinen Sinn in seinem Job erkennen kann. Schon gar nicht für andere. Der lässt sich aber überall finden.

In meinem Job fiel mir das immer sehr leicht. Aber erst durch die Burschen wurde mir wieder klar, wie unterschiedlich mein Beitrag für andere sein konnte. Im Vergleich zu den Sorgen von Geflüchteten erschienen die Probleme der Mitglieder verschwindend klein, waren für die Betroffenen aber genauso real. Wenn man sich im Büro überfordert fühlt, unsicher seinem Chef gegenübertritt und ständige Existenzsorgen an einem nagen, hilft es wenig, zu wissen, dass es anderen noch schlechter geht. Ich konnte mit meiner Arbeit dazu beitragen, meine Mitmenschen mit Selbstbewusstsein, Gelassenheit und dem Gefühl der Sicherheit zu stärken. Und sie für ihren Alltag wappnen. Das hat mich beflügelt.

DIE DÄMONEN FÜTTERN

Die Veränderungen im Training zeigten bald Wirkung. Alle konnten ihre Schläge jetzt besser kontrollieren und achteten gut aufeinander.

Ich ließ wieder mit Schutzausrüstung üben und fuhr mit ihnen zu einem kleineren Turnier. Mostafa und Sharif kämpften ungewohnt zurückhaltend und verloren gegen Gegner, die ihnen eigentlich weit unterlegen waren. Als wir uns am nächsten Tag die Videos ansahen, wussten sie ganz genau, wo sie Punkte hätten landen können. Und erzählten mir, dass sie das auch schon während des Kampfes gewusst hatten. Sie wollten den Gegner aber nicht treffen. Aus Rücksicht.

Ich merkte, dass unser Training jetzt zu weit in die andere Richtung abgedriftet war. Ich rief alle zusammen und wollte das klären.

Das höchste Ziel der Kampfkunst ist der respektvolle Umgang miteinander. Und die Fähigkeit zur friedlichen Konfliktlösung. Trotzdem ist es kein Waldorf-Kurs im Ausdruckstanz. Das Wort Kampfkunst beinhaltet immer noch das Wort „Kampf". Darin liegt auch die Kraft. Sich selbst im Gegner zu erkennen ist wichtig und bringt ein hohes Maß an Verantwortung mit sich. Das Spiegel-Prinzip gilt aber für beide Richtungen. Genau wie der Respekt.

Einen Gegner uneingeschränkt zu respektieren, bedeutet nicht, dass wir devot alles hinnehmen und als dauergrinsender Sektenjünger durchs Leben schweben. Es bedeutet auch, die Schwächen des anderen zu respektieren. Sie ihm zu spiegeln und ihn darauf hinzuweisen. Nach bestem Wissen und Gewissen.

Übertriebene Rücksicht hilft niemanden. Wenn ich im Kampf stehe und eine Lücke beim Gegner sehe, dann werde ich versuchen, dort einen Treffer zu landen. Wie sonst sollte der andere wissen, wo er gerade ungedeckt war? Wie sollte er sich sonst verbessern können?

Das unterscheidet die Kampfkunst von esoterischer Scheinheiligkeit. Will man lernen, sich zu verteidigen, muss man sich dazu auch dem freien Zweikampf stellen. Viele Selbstverteidigungs-Trainer unterrichten bloß in abgesprochenen Szenarien. Einer greift an. Der andere verteidigt sich und kontert mit Schlägen zu empfindlichen Punkten. Natürlich ohne wirklichen Körperkontakt.

Sparring, sportlicher Zweikampf mit Schutzausrüstung und Kontakt, wird penibel vermieden. Die Fähigkeit zur Persönlichkeitsentwicklung bleibt dadurch auf der Strecke. Es ist leicht, sich immer nur im kontaktlosen Fliegenfangen zu üben. Um danach am Biertisch lautstark über „Kriegergeist" und andere Kraftausdrücke zu referieren.

Zu respektieren, wenn man vom anderen getroffen wird und den Treffer als wertvollen Hinweis anzuerkennen, ist da eine ganz andere Geschichte, fördert aber die Eigenreflexion. Immerhin hätte man den Angriff ja auch rechtzeitig abwehren können.

Im Shinergy üben wir daher beides. Szenarien zur realistischen Selbstverteidigung. Ohne Regeln, dafür mit Schlägen zu vitalen Punkten, wie Hals, Augen und Genitalien. Ohne den anderen dabei zu treffen.

Wir üben uns aber auch im sportlichen Zweikampf. Dann gelten strenge Regeln. Und alles ist anders. Die Situation ändert sich ständig, man muss improvisieren und wird auch getroffen. Durch die Schutzausrüstung und kontrollierten Kontakt werden Verletzungen vermieden. Angenehm ist es trotzdem nicht. Außerdem

ändert man ständig die Rolle. Einmal ist man Verteidiger und reagiert, dann sieht man beim anderen eine Lücke und agiert blitzschnell. Man gibt sein Bestes. Und erwartet das Gleiche vom Gegner. Je besser der ist, umso besser werden wir.

IN ALLER FREUNDSCHAFT

Unser Prinzip „Kämpfen zu können bedeutet, nicht mehr kämpfen zu müssen" wurzelt in der kraftspendenden Verschmelzung scheinbarer Gegensätze. Viele würden lieber nur den zweiten Teil des Satzes wählen. Und „nicht mehr kämpfen müssen". Das funktioniert nicht. Man muss schon reingehen und das Kämpfen lernen. Man muss sich mit seiner Angst, Aggression und Wut konfrontieren, um damit konstruktiv umgehen zu können. Und nicht mehr kämpfen zu müssen. Das Polaritätsprinzip zeigt sich auch in unserem Logo. Zwei scheinbare Gegensätze bilden gemeinsam die Einheit. Das schaffen sie nur Hand in Hand.

Leider hängen wir viel zu oft in der Dualität fest. Gut oder böse, Himmel oder Hölle, Ich oder Du – wer die Wahl hat, hat die Qual.

Als Beispiel verwende ich dazu gerne den Atem. Man atmet regelmäßig ein und aus. Niemand würde je auf die Idee kommen, eine Woche lang nur noch auszuatmen. Weil das gerade so angesagt ist. Das wäre eine Qual. Und einatmen könnte man schon bald auch nicht mehr.

Unsere Gesellschaft will immer nur die eine Seite sehen. Da ist es sehr löblich, immer umgänglich, mutig und gut gelaunt zu sein. Für Wut, Angst und schlechte Laune hat man wenig Verständnis.

Das merkt man schon sehr früh. Wenn uns die Eltern vor dem Einschlafen noch ein Märchen vorlesen. Dort geht es fast immer darum, dass der edle Prinz in die finsteren Höhlen des bösen Drachens steigt, um ihn mit dem Schwert zu töten und ins Licht zurückzukehren. Wo ihn Applaus erwartet. Und die schöne Prinzessin.

Das prägt unser kindliches Bewusstsein. Wer die finsteren Drachen seiner strahlenden Persönlichkeit besiegt, wird geliebt. Und heiratet ein Model.

Wie schön wäre es, wenn der Prinz den Mut hätte, in die finsteren Höhlen des Unterbewussten hinabzusteigen! Und sich dort mit den Drachen seiner Ängste und Schattenseiten anfreunden würde. Sie streichelt, füttert und gemeinsam zurück ins Licht findet. Dann wäre er ein echter Held.

Viele quälen sich ein Leben lang mit ihren Drachen herum. Und kämpfen im Dunkeln verzweifelt gegen ihre unterdrückte Angst und Aggression. Bis sie nicht mehr können und die Wut unkontrolliert hervorbricht. Dann muss eben die Kassiererin im Supermarkt herhalten. Oder der Kellner. Hauptsache, man kann jemanden abwerten. Oder gar nicht wahrnehmen. Im Ignorieren anderer verbergen sich oftmals die aggressivsten Handlungen. Manche kämpfen nur in der Stille innerster Konflikte. Dann können oft nur noch unerklärliche Gesundheitsbeschwerden, Burnout-Symptome und Süchte ein wenig Erleichterung schaffen.

In der Kampfkunst konfrontiert man sich mit seinen innersten Dämonen. Mit der Angst, der Wut und der Aggression. Um sie zu füttern und als beschützende Freunde zu respektieren. Dann kann man seine Ängste als Kraftquelle nützen. Und die blinde Wut in wahren Mut wandeln.

NARBEN DER VERGANGENHEIT

Ich erklärte das den Burschen. Und gab ihren Aggressionen Raum.

Ich band ihnen die Hände zusammen und ließ sie nur mit den Beinen kämpfen. Manchmal auch gegen drei Angreifer. Ich setzte ihnen Helme mit Vollvisier auf und stattete sie mit dicken Schutzwesten aus. Damit ließ ich sie im Stiegenhaus mit vollem Kontakt kämpfen – ohne jede Regel. Vorher schliff ich sie aber immer noch durch ein intensives Konditionstraining. Mit hunderten Liegestützen, Kniebeugen und Situps. Bis sie nicht mehr konnten. Dann ging es erst los.

Mein Ziel war, dass die Burschen mit ihren Aggressionen umgehen lernten. Anstatt blind vor Wut um sich zu schlagen oder sich von der Angst lähmen zu lassen, sollten sie ruhig, klar und handlungsfähig bleiben, um innerste Kraftreserven zu aktivieren, die ihnen in Extremsituationen zur Seite stehen würden.

Aggression an sich ist weder gut noch schlecht. Es kommt nur darauf an, wie man mit ihr umgeht. Wut kann sehr viel Leid verursachen, aber ohne einen Funken an Aggression würden wir frühmorgens nicht mal aufstehen, wenn der Wecker klingelt. Wir könnten nicht tagelang durcharbeiten, wenn ein wichtiges Projekt fertiggestellt werden muss, keine Nächte durchwachen, wenn das Baby weint und uns keinen schwierigen Herausforderungen stellen. Ohne Aggression hätten wir dazu einfach keinen Antrieb.

Ich machte bei den Übungen für die Burschen mit und bemerkte bald, wie es mich veränderte. Am nächsten Morgen konnte ich mich zwar vor Muskelkater kaum bewegen und hatte viele blaue Flecken. Trotzdem sprang ich aus dem Bett und startete mit Elan in den Tag. Ich war gut gelaunt und voller Tatendrang. Alles fühlte sich besser an, schien viel besser zu schmecken und zu riechen. Wenn man am Vortag gegen drei wilde Angreifer gekämpft hat, macht man sich gleich viel weniger Sorgen. Und regt sich im morgendlichen Verkehrsstau kaum noch auf.

Mit Kritikern konnte ich nun viel besser umgehen und wahrte gleichzeitig meine eigenen Grenzen. Viel zu oft hatte ich versucht, es allen recht zu machen. Ich hatte meine Wut unterdrückt und ihr dadurch nur noch mehr Macht gegeben. Bis sie irgendwann unkontrolliert ausbrechen musste. Und ich andere mit Worten verletzte. Jetzt nahm ich konstruktive Kritik dankend an, versuchte daran zu wachsen und ließ den Rest an mir abgleiten. Ich zögerte dabei aber nicht, auch zu meiner eigenen Meinung zu stehen und konnte andere in ihre Schranken weisen. Sachlich und konstruktiv. Manchmal entstanden daraus sogar Freundschaften.

Ich erklärte Mostafa und Sharif, dass ihre übertriebene Rücksichtnahme sicherlich gut gemeint war. Wirklich respektvoll war sie aber nicht. Respektvoll wäre, den Gegnern die Chance zu geben, aus eigenen Fehlern zu lernen. Die Kunst besteht darin, auf den anderen Acht zu geben. Zu treffen, ohne den anderen dabei zu verletzen.

Als das geklärt war, konnten wir wieder guten Gewissens zu Turnieren fahren. Es ging dabei nicht nur um den Erfolg. Es ging vor allem darum, dass jeder sein Bestes gab und erkannte, wo er gerade stand. Und sich über Erfolge genauso zu freuen wie über Niederlagen.

Die Burschen gewannen viele Kämpfe, neue Erfahrungen und unser Team war endlich eine Einheit. Die erfahrenen Kämpfer des Wettkampfteams und die Freedom Fighters trainierten miteinander. Und kämpften Seite an Seite.

Da gab es keine Unterschiede mehr. In manchen Momenten wurde mir aber wieder vor Augen geführt, was die Burschen hinter sich haben mussten. Wenn ich sie zu Anwälten und Asylverfahren begleitete und ihre Geschichten voller Leid und Angst hörte. Oder als Ahmed in den Ring stieg. Er kämpfte im Vollkontakt mit nacktem Oberkörper, und als ich ihm sein T-Shirt auszog, drehte er mir kurz den Rücken zu, um die Treppe hochzusteigen. Ich erschrak. Ahmeds Rücken war mit tiefen Narben übersäht. Viele Burschen hatten Kratzer, die sie sich in Verzweiflung selbst zugefügt hatten. Bei Ahmed war das aber anders. Seine tiefen Narben waren stumme Zeugen von schwerster Folter. Und von verzweifelten Hilfeschreien. Ahmed trug die Narben am Rücken. Andere trugen sie auf ihren Unterarmen. Alle trugen sie im Herzen.

Ich trug die Burschen in meinem Herzen. Ich hatte so großen Respekt davor, wie sie ihr Schicksal meisterten. Wie sie sich ihren Lebensmut bewahrt hatten. Trotz allem.

AUSNAHME-ATHLETEN

Bei der nächsten Staatsmeisterschaft holten wir unzählige Titel, und mit Abbas, Hussein und Khalegh wurden auch drei Freedom Fighters zu Staatsmeistern gekürt. Hussein und Abbas hatten schon eine Aufenthaltsgenehmigung. Die anderen nicht. Deshalb durften sie das Land nicht verlassen und konnten nie bei internationalen Turnieren antreten.

Das änderte sich, als der internationale Kickbox-Verband die Austragung der nächsten Weltmeisterschaft an Österreich vergab. In Bregenz sollten sich die besten Sportler treffen, um die Weltmeister zu küren. Um ins Nationalteam einberufen zu werden, musste man Leistungen vorweisen. Und österreichischer Staatsbürger sein. Die Burschen hatten herausragende Erfolge. Eine Staatsbürgerschaft hatten sie nicht.

Aber wir hatten Harry. Harald Folladori, dem Verbands-Präsidenten, der uns schon oft zur Seite gestanden war, ist es zu verdanken, dass Ismail, Abbas, Ali Reza und Sharif ins Nationalteam einberufen wurden. Und mit ihnen Mareike und Christian, ein großartiger Kampfkünstler, der schon vor zwanzig Jahren bei mir begonnen hatte zu trainieren.

Harry rief wieder eine Ausnahmeregelung ins Leben, die es den Jungs ermöglichte, auch ohne Staatsbürgerschaft bei den Kickboxing-Weltmeisterschaften in Bregenz für das österreichische Nationalteam an den Start zu gehen.

Ein weiteres Problem hatten wir noch: Die wirtschaftliche Situation in meinem Zentrum war angespannt und ich hatte einfach kein Geld. Bisher hatte ich den Burschen immer alles bezahlt.

Anreise, Startgebühren und Übernachtungen. Diesmal war mir das nicht möglich. Die Weltmeisterschaft dauerte eine ganze Woche lang, wir mussten Startgebühren, Zugfahrten und eine Unterkunft finanzieren.

Die Burschen wollten wissen, wie sie mir dabei helfen könnten, und ich hatte die Idee für eine Crowdfunding-Aktion.

Ich fragte die Jungs, was sie als Gegenleistung für Spenden einbringen konnten. Ismail bot an, zu den Leuten nach Hause zu kommen und dort ein viergängiges Menü für sechs Personen zu zaubern. Abbas restaurierte ein altes Rennrad aus den Siebzigern. Ali Reza und Mostafa wollten private Einzelstunden geben und ich legte noch ein paar Mitgliedschaften und Bücher drauf. Wir stellten alles online und hatten innerhalb einer Woche das notwendige Geld beisammen. Für die Burschen war das ein bestätigendes Gefühl. Sie bettelten nicht um Almosen, sondern wurden für ihre Leistungen bezahlt. Der Wert einzelner Gegenleistungen war dabei kein Thema. Was zählte war einzig, dass wir als Team zur WM fahren konnten. Jeder trug seinen Teil dazu bei.

Ich dachte mir damals, dass jedes Unternehmen froh sein könnte, solch motivierte Mitarbeiter zu haben. Die sich einbringen und immer auch den Erfolg des Teams im Auge behalten.

Nachdem wir das Geld beisammenhatten, konnte die Vorbereitung beginnen. Wir hatten nur drei Monate Zeit und ich klügelte einen Trainingsplan aus. Technik, Taktik, Ausdauer, Krafttraining und Schnelligkeit – alles genau aufeinander abgestimmt.

Wir trainierten jeden Tag. Genau nach Plan. Doch die Burschen wurden immer schlechter. Ihre Stimmung auch. Das intensive Training schien ihnen zuzusetzen und erschöpfte sie zunehmend. Dann kam es auch noch zu Verletzungen. Abbas und Ismail verdrehten sich ihre Knie und rissen sich die Kreuzbänder. Sharif ging es sehr schlecht. Seine Angst vor Abschiebung belastete ihn sehr, er kam viel zu selten ins Training und konnte dort nur schwer den Übungen folgen. Die Jungs hatten keine Freude mehr, waren entweder völlig überdreht oder komplett niederge-schlagen. Sie waren mit dem Trainingsplan völlig überfordert. Es musste sich dringend etwas ändern.

Der Anstoß dazu kam von Christian. Er war richtig gut, hatte aber an Wettkämpfen nie teilgenommen. Für die WM qualifizierte er sich auch nur, weil er es einmal probieren wollte und bei seinem ersten Turnier den Präsidenten beeindruckte. Er kämpfte dort voller Freude, spektakulären Manövern und unglaublichen Treffern, die weitaus wettkampferfahrenere Gegner verzweifeln ließen. Und wurde Staatsmeister. Christian war ein toller Kämpfer. Er war aber auch Tischlermeister, leitete einen Betrieb und lebte mit seiner Frau und zwei Kindern. Nach seiner Einberufung ins Nationalteam sagte er mir von Anfang an, dass er auch weiterhin nur dreimal in der Woche ins Training kommen wollte. Für ihn stand immer die Freude im Mittelpunkt, und die wollte er sich nicht nehmen lassen. Außerdem hatte er mit Beruf und Familie auch Wichtigeres zu tun. Das gab mir zu denken.

Meine Planung ging immer von sportwissenschaftlichen Erkenntnissen zur Leistungssteigerung aus. Von Studien und von Profisportlern, die nichts anderes zu tun hatten, als mehrmals täglich zu trainieren. Um dazwischen bei Massagen, Ernährungsberatung und Physiotherapie zu regenerieren.

Christian hatte da andere Sorgen. Die Burschen auch. Sie waren in ihrem Alltag sehr gefordert. Und litten immer noch unter traumatischen Erlebnissen. Daran sollten wir immer denken. Eine posttraumatische Belastung gleicht einer schweren Depression. Man ist völlig erschöpft und fühlt sich ständig überfordert. Ich hatte auch schon das „Vergnügen" mit der Ohnmacht während einer Depression. Schon das Ausfüllen eines Parkscheines überforderte mich.

Ich hatte den Burschen ein viel zu intensives Training zugemutet. Das änderte ich. Wir nahmen uns freie Tage und ich schickte die Burschen zu erholenden Spaziergängen, Freunden und in die Sauna. Das zahlte sich aus. Der Spaß kehrte zurück, Ismail und

Abbas bekamen ihre Verletzungen mit therapeutischen Übungen halbwegs in den Griff.

Entscheidend ist sowieso die mentale Stärke. Meditation sollte den Jungs dabei helfen, auch bei der WM im Augenblick zu bleiben. Damit sie sich von Furcht und Stress nicht ablenken lassen.

Ich wollte das aber noch betonen und besorgte mir dafür einen Zerstäuber für ätherische Öle und einen speziellen Duft. Damit besprühte ich während des Trainings den ganzen Raum. Diese Methode basiert auf den Umstand, dass unser Geruchssinn in der Evolution der älteste Sinn ist und direkt auf unser Unterbewusstsein wirkt. Ein bestimmter Geruch versetzt uns sofort in eine andere Stimmung. Unbewusst erinnert man sich an Situationen und fühlt sich wieder dorthin versetzt. Wenn das Training gut lief, ließ ich die Burschen das ätherische Öl einatmen. Um ihnen später, unmittelbar vor ihrem Kampf, meine Handflächen hinzuhalten, die ebenfalls mit dem Öl benetzt waren, damit die Jungs sich über den Geruch sofort in den mentalen Zustand ihrer Bestform versetzen konnten.

Ich empfahl den Burschen, das Öl auch im Alltag zu verwenden. Und immer daran zu schnuppern, wenn alles wieder einmal zu viel wurde.

Das Training lief gut. Ich verzichtete auf alle Zusatzübungen und ließ die Kämpfer einfach tun, worauf sie am meisten Lust hatten. Ich ließ sie kämpfen. Über die Rundenzeiten konnten wir die Intensität steuern und die Freude behalten. Es roch nach Rosmarin und Schweiß und am Ende absolvierten die Jungs ein Pensum, das sie am Anfang unserer Vorbereitung noch umgehauen hätte. Unsere Vorbereitung verlief anders, als ich das geplant hatte. Und ging voll auf.

Mich hat das inspiriert. Ich trainierte früher immer nach genauen Plänen und war sehr unrund, wenn ich eine Einheit verpasste. Jetzt stand wieder die Freude im Vordergrund. Wenn es irgendwo zwickte, machte ich etwas anderes. Oder gönnte mir eine Pause. Und wenn ich mein Training wegen einem Banktermin verschieben musste, sah ich das als Chance, die Strategie der Kampfkunst dort zu üben. Und warum sollte ich mich im Training auch mit anderen messen, die nur halb so alt waren wie ich? Da konzentrierte ich mich lieber auf Dinge, die kein Ablaufdatum hatten. Auf die Strategie, die Präzision und die Geisteshaltung zum Beispiel.

Auch meine Mitglieder konnte ich so besser verstehen. Wenn man einen herausfordernden Job macht, Kinder hat und sein Leben genießen möchte, gibt es viel Wichtigeres als das Training. Da kommt man zweimal wöchentlich ins Training, will die Sache genießen und sich nicht auch noch mit den Vorgaben irgendwelcher Studien zur Leistungssteigerung herumquälen. Außerdem waren mir Menschen mit Lebenserfahrung immer viel lieber als irgendwelche Supersportler, die ohne Trainingsanzug eine schlechte Figur machten. Jede Falte, die eine Geschichte erzählen konnte, war mir lieber als geliftete Ausdruckslosigkeit im Filter sozialer Selbstdarstellung. Wer braucht schon ein Sixpack, einen Knackarsch oder Null-Diäten, wenn das Kind krank ist? Wenn man sich mit Schicksalsschlägen konfrontieren oder einfach nur seinen Alltag bewältigen muss?

Daran sollten wir denken, wenn wir uns an Anderen orientieren. Und Pläne schmieden. Nur wenn der Plan auf unsere individuellen Bedürfnisse eingeht und unsere eigene Lebenslage berücksichtigt, bleiben wir dran. Mit großer Freude.

CHAMPIONS
DER HERZEN

Die Freude war groß, als die Trainingsanzüge mit dem großen „Austria"-Aufdruck geliefert wurden. Die Burschen wollten ihre neuen Jacken gar nicht mehr ausziehen. Es war an der Zeit, aufzubrechen.

Mit den sieben Kämpfern, Elias als zweitem Coach und den beiden Trainierenden, die uns unterstützen wollten, waren wir ein richtig großes Team. In Bregenz warteten alle anderen, die sich für das österreichische Nationalteam qualifiziert hatten.

Alle Kämpfer und Coaches stellten sich für das offizielle Teamfoto vor die Halle. Mehr als fünfzig Sportler repräsentierten unser Land. Und mittendrin fünf meiner Burschen, die nicht einmal eine Aufenthaltsgenehmigung hatten. Sie waren dabei, weil sie in Österreich lebten und sich durch herausragende Leistungen ausgezeichnet hatten. Ich wünschte, so ein Bild würde man öfter sehen.

In der Halle ging es schon rund. Knapp 2000 Kämpfer und Kämpferinnen aus allen Nationen tummelten sich dort zwischen Offiziellen, Helfern und Betreuern. Die Stimmung war angespannt, alle waren sehr nervös. Wir absolvierten schnell die Abwaage und verzogen uns in unser Haus, das ich außerhalb der Stadt angemietet hatte. Ich wollte mit den Burschen nicht im offiziellen Hotel neben der Halle wohnen und abseits des Trubels genügend Raum zur Ruhe schaffen. Wir verbrachten den Abend wie eine große Familie, kochten, plauderten und gingen entspannt schlafen.

Am nächsten Tag ging es frühmorgens los. Meditieren, stehen und gemeinsames Aufwärmen – so, wie wir das schon so oft gemacht hatten. Schön war dabei, dass alle mitmachten. Auch die Kämpfer, die an diesem Tag gar nicht dran waren. Sie wollten ihre Kollegen unterstützen. So, wie sie das schon oft gemacht hatten.

Mostafa ging als Erster an den Start. Er gab sein Bestes, kämpfte sehr gut, musste sich aber am Ende seinem Gegner geschlagen geben. Ismail lieferte den besten Kampf seines Lebens. Leider war der Gegner noch eine kleine Spur besser. Auch Ismail schied in der ersten Runde aus.

Am zweiten Tag waren Mareike, Sharif und Christian dran. Christian kämpfte mit Freude und zeigte tolle Techniken. Er gewann zwei Runden und musste sich erst im Halbfinale geschlagen geben. WM-Bronze in seinem erst dritten Turnier. Wir freuten uns mit ihm.

Sharif hatte keinen guten Tag. Die Sorgen um sein Asylverfahren lasteten zu schwer auf seinen Schultern. Er stand völlig neben sich, kämpfte weit unter seinem Können und verlor in der ersten Runde.

Dann kam Mareike dran. Und zeigte, was sie draufhatte. Mit ihrer Erfahrung und hohen Kicks dominierte sie die Vorrunden, siegte überlegen im Finale und wurde verdiente Weltmeisterin.

Zurück in unserem Haus waren die Niederlagen überhaupt kein Thema. Alle freuten sich mit den Champions und waren überglücklich, bei einer WM dabei gewesen zu sein. Außerdem waren am letzten Tag noch Ali Reza und Abbas dran.

Vor dem Schlafengehen kam ich beim Zimmer der beiden vorbei. Die Tür war einen Spalt weit offen und ich sah hinein. Ali Reza lag bäuchlings auf seinem Bett. Sharif kniete daneben. Und massierte ihn.

Ich sah lange dabei zu. Sharif hatte sich so viel von dem Tag erwartet. Er hatte gehofft, dass ihm ein Erfolg bei seinem Asylverfahren helfen würde. Als letzte Chance. Und schied schon in der ersten Runde aus. In so einem Moment würden sich die meisten nur noch verkriechen wollen und über ihr eigenes Unglück schmollen. Was machte Sharif? Er massiert seinen Freund, der am nächsten Tag an den Start geht. Damit der es besser macht. Und gewinnt.

Am nächsten Morgen waren Ali Reza und Abbas dran. Ali Reza stieg zuerst in den Ring. Er war sehr konzentriert, kämpfte hervorragend und siegte in den Vorrunden. Im Finale traf er auf einen sehr erfahrenen Kämpfer aus Dänemark, der immerhin schon zweifacher Weltmeister war. Ali Reza hielt toll mit, ging sogar kurz in Führung und musste sich erst am Ende geschlagen geben. Was für ein großartiger Erfolg: Ali Reza war Vize-Weltmeister im K1-Vollkontakt.

Dann kam Abbas. Ich ging mit ihm zur Kampffläche, ließ ihn noch am ätherischen Duft schnuppern und wünschte ihm Glück. Abbas verbeugte sich vor dem Gegner und legte los. Und wie er das tat! Blitzschnell und mit unglaublichen Kombinationen landete er einen Treffer nach dem anderen, wich gewandt den Schlägen aus und ließ dem Gegner keine Chance. Abbas schien unglaubliche Reserven zu haben und hielt das hohe Tempo bis zum Ende durch. Das Publikum jubelte. Abbas siegte. So gewann er alle Vorrunden und stand im Halbfinale einem Gegner aus Deutschland gegenüber. Und dessen Coach.

Abbas kämpfte unglaublich gut. Er gewann eindeutig. Als ich ihm zum Sieg gratulierte, sah ich, wie der deutsche Coach wild vor dem Tisch der Kampfrichter gestikulierte. Ich ging näher und hörte, dass der Coach laut gegen das Ergebnis protestierte. Er war sehr aggressiv und wütend. Abbas hätte unter seinen Boxhandschuhen keine Bandagen getragen und der Coach wollte ihn dafür disqualifizieren lassen. Ich war außer mir. Nicht nur, weil solche Bandagen nicht verpflichtend sind und deren Weglassen keinerlei Vorteil bringt. Vor allem aber, weil dieser aggressive Zornzwerg unseren Abbas disqualifizieren lassen wollte. Obwohl der gerade klar gewonnen hatte. Was für eine niederträchtige Absicht.

Es kam zu einem Schreiduell zwischen dem deutschen Coach, den Kampfrichtern und mir. Der Einzige, der ruhig blieb, war Abbas. Er lächelte nur und flüsterte mir ins Ohr, dass ich mir seinetwegen keine Umstände machen sollte. Der deutsche Coach wollte doch auch nur das Beste für seinen Schützling und meinte es bestimmt nicht böse. Außerdem wäre ein dritter Platz ja auch schön.

Mir verschlug es die Sprache. Und das Schreien. Abbas hatte großartig gekämpft und eindeutig gewonnen. Dann kommt dieser böswillige Coach daher, will ihn mit einem schäbigen Trick disqualifizieren und damit die Chance auf das Finale rauben. Und Abbas? Der bleibt gelassen, ist überhaupt nicht böse und kann das unsportliche Verhalten des Widersachers sogar noch verstehen. Was für eine Größe. Was für ein Kämpferherz.

Der Protest wurde zum Glück abgelehnt, der wütende Coach von der Kampffläche gezerrt und alle bereiteten sich auf das Finale vor.

Abbas strahlte vor Freude und bedankte sich bei den Kampfrichtern, bevor er auf die Kampffläche trat. Verbeugung vor dem Gegner, ein Gong – und der Kampfrichter gab die Fläche frei. Dort ging es richtig ab. Abbas kämpfte herausragend. Sein Gegner auch. Die beiden lieferten sich einen spektakulären Finalkampf. Und die Halle tobte.

Abbas war nur für einen kurzen Augenblick unkonzentriert. Er stolperte und verdrehte sich sein verletztes Knie. Ein Arzt kam und fragte, ob wir weitermachen wollten. Ich fragte Abbas. Er wusste es auch nicht. Ich bat um eine kurze Auszeit und wollte am Mattenrand in Ruhe klären. Abbas war sehr motiviert. Er glaubte, dass er den Kampf gewinnen konnte, aber sein Knie tat sehr weh. Ich ließ Abbas am Öl riechen und erinnerte ihn an das Absinken unter seinen Füßen. So könnte er die Belastung des verletzten Knies vermeiden. Dann fragte ich ihn, was sein verstorbener Vater jetzt zu ihm sagen würde. Abbas antwortete nicht. Er lächelte nur, nickte mir zu und humpelte zurück auf die Kampffläche. Dort legte er los. Mit einem Feuerwerk an Techniken deckte er den Gegner ein. Und schien überhaupt keine Schmerzen mehr zu spüren.

Als ein Gong den Kampf beendete und der Schiedsrichter die Hände beider Kämpfer ergriff, hielten alle den Atem an. Es war knapp. Wer hatte gewonnen? Alles war still. Dann riss der Kampfrichter den Arm von Abbas in die Höhe. Und schrie laut: „Winner!" Abbas war Weltmeister!

Bei der Siegerehrung stand er mit der österreichischen Flagge in den Händen ganz oben am Podest und sie spielten die Bundeshymne. Ich sang mit. So laut wie nie zuvor.

Es hat noch einige Zeit gedauert, bis ich den Erfolg wirklich realisieren konnte. Zwei Weltmeistertitel, ein Vizeweltmeister und ein Bronze-Medaillist für das Shinergy Team – das hätte ich nicht zu erwarten gewagt.

Mit Ali Reza und Abbas standen zwei Freedom Fighters am Podest der Weltmeisterschaften im Kickboxen. Zwei wunderbare Menschen, die erst vor wenigen Jahren in Sicherheit angekommen waren. Sie hatten sich durchgekämpft und standen jetzt ganz oben. Als Weltmeister und Vize-Weltmeister. Für Österreich. Das Schönste an der WM waren für mich aber nicht die Medaillen. Es war der Teamgeist. Alle standen zueinander, lebten miteinander und waren füreinander da. Der Einsatz, die Massage von Sharif und die vergebende Güte von Abbas, als man ihm den Erfolg rauben wollte – ich werde das sicher nie vergessen. Wir waren Weltmeister.

ERTRINKEN
IM ÜBERFLUSS

Am Tag nach unserer Rückkunft aus Bregenz waren alle wieder da und trainierten mit Freude, als wäre nichts passiert. Abbas konnte nicht mitmachen, weil sein verletztes Knie noch ganz geschwollen war. Vorbeigekommen ist er trotzdem und sah zu.

Bei der Weihnachtsfeier ließen wir es richtig krachen. Und tanzten durch die ganze Nacht. Den Heiligen Abend feierte ich besinnlich mit meinen Kindern.

Nach den Feiertagen ging ich mit meiner älteren Tochter in die Innenstadt. Sie hatte einen Gutschein für ein neues Handy geschenkt bekommen und wollte diesen in einem großen Einkaufszentrum einlösen. Allein der Weg dorthin war eine Qual für mich. Tausende Menschen, die durch die opulent geschmückten Straßen drängten. Jeder hatte es eilig. Endlich im Shop angekommen, war ich völlig überfordert. Vom Gedränge, den vielen Angeboten und den hektischen Verkäufern. Und von dem 13-jährigen Mädchen, das neben uns stand. „Nein Mami, das hellblaue iPhone will ich nicht. Wenn ich das dunkelblaue nicht haben kann, dann will ich gar keines." Die Mutter schien verzweifelt. Ich war es.

Ich musste raus und wartete vor der Tür auf meine Tochter. Wir fuhren nach Hause und plauderten im Auto über den Sinn des weihnachtlichen Trubels. Wir fanden keinen.

Zu Hause angekommen, wollte ich noch ein wenig durchs Internet surfen. Und stieß zufällig auf einen Bericht über die Flüchtlingslager auf der griechischen Insel Lesbos. Menschen lebten dort unter unvorstellbaren Bedingungen. Meine Burschen hatten früher auch alle dort gelebt.

Ich suchte weiter und stieß auf eine Reportage über die spanische Initiative „Open Arms". Rettungsschwimmer waren das, die in kleinen Schlauchbooten vor der Küste patrouillierten und sich in die Fluten schmissen, um gekenterte Geflüchtete zu retten. Wilde Hunde waren das, die sich manchmal auch Schlägereien mit sensationsgierigen Journalisten lieferten. Da musste ich unbedingt hin.

Ich konnte es einfach nicht ertragen, tatenlos dabei zuzusehen, wie Menschen im Mittelmeer ertranken, während ich mich am Sofa durch kitschige Weihnachtsfilme zappte.

Ich schickte meine Bewerbung nach Barcelona noch am gleichen Abend ab. Mit einer Bestätigung meiner Rettungsschwimmer-Ausbildung, die ich an der Sportuni gemacht hatte. Dass die schon vor 30 Jahre war, verschwieg ich.

Außerdem schrieb ich an den Verantwortlichen der Initiative „Sport for Refugees" auf Lesbos, die Geflüchteten vor Ort Möglichkeiten zur Sportausübung gab. Ich schlug vor, einen kostenlosen Shinergy Workshop zu halten. Und wollte den Spirit meiner Burschen dorthin zurückbringen, wo ihre Reise in Europa begonnen hatte.

Dann buchte ich ein Zimmer und meinen Flug für die darauffolgende Woche.

Die Spanier sagten mir gleich am nächsten Tag zu. Der Leiter des Sportprojektes sagte mir ab. Er saß in einem Büro in Paris und teilte mir von dort mit, dass sie einen fixen Stundenplan hatten und solche außertourlichen Workshops nicht machen wollten. Ich packte meine Sportsachen trotzdem ein.

Während der Zwischenlandung in Athen kontrollierte ich meine E-Mails. Auch eine Nachricht aus Spanien war dabei. Aufgrund des Winters und der hohen See fanden im Moment keine Überfahrten nach Lesbos statt. Und die Organisation der Rettungsschwimmer verließ die Insel. „Und das sagt ihr mir jetzt", dachte ich. Umkehren wollte ich aber nicht. Schon allein deshalb, weil Ismail mir bei der letzten Weihnachtsfeier erzählt hatte, dass es seine Familie jetzt endlich nach Lesbos geschafft hatte und im Flüchtlingslager lebte. Ich wollte die Familie besuchen. Und ihnen helfen. Außerdem hatte ich mir eine kleine Kamera besorgt. Vielleicht würde ich es damit sogar ins Lager Moria schaffen und könnte den Menschen in Österreich zeigen, was dort gerade passierte.

Wo Menschen leiden und im Mittelmeer ertrinken. Während wir im Überfluss untergehen.

IM
DSCHUNGEL

Auf Lesbos angekommen, mietete ich mir am Flughafen ein Auto und fuhr zum Dorf Skala Sikamineas am nördlichsten Punkt der Insel. Ich hatte dort mein Quartier gebucht, weil das der nächste Ort zur türkischen Küste war, wo die meisten Geflüchteten mit ihren Schlauchbooten landeten. Deshalb waren auch die spanischen Rettungsschwimmer von „Open Arms" dort stationiert. Nach zwei Stunden und unendlich vielen Serpentinen kam ich endlich an. Skala Sikamineas war ein kleines Fischerdorf, mit alten Häusern aus Stein, einem Leuchtturm und einem einzigen Café. Im Sommer war es dort sicher sehr schön. Jetzt war aber tiefster Winter und der Ort wie ausgestorben. Mein Zimmer war ganz einfach. Und hatte keine Heizung. Ich schlief mit Wollmütze und Anorak und machte mich am nächsten Morgen durchfroren auf, um erst mal die Gegend zu erkunden.

Vom steinigen Strand sah ich zur türkischen Küste hinüber. Es regnete und die See war vom starken Wind aufgewühlt. Unvorstellbar, dass Menschen die Überfahrt in einem wackligen Schlauchboot wagten. Noch dazu, wo die Boote immer heillos überfüllt waren und die meisten gar nicht schwimmen konnten.

Ich ging ins Café am Hafen und wärmte mich auf. Das Lokal war gut besucht. Junge Leute aus aller Welt saßen über ihren Laptops und unterhielten sich angeregt. Ich kam schnell ins Gespräch und lernte ein junges Paar aus Deutschland kennen, das im Zimmer neben mir wohnte. Sie arbeiteten beide bei der Initiative

„Light House Relief" und patrouillierten an der Küste, um mit ihren Ferngläsern Ausschau nach Schlauchbooten zu halten. Um sofort die Rettungsmannschaften zu alarmieren und Angekommene mit Decken und trockener Kleidung zu versorgen. Nachdem sie sich zu ihrem Dienst verabschiedeten, blieb ich noch ein wenig sitzen und beobachtete die anderen Gäste. So viele junge Menschen aus allen Himmelsrichtungen, die sich als Freiwillige gemeldet hatten und ohne Lohn bei NGOs aushalfen, um sich für Geflüchtete an der Küste von Lesbos zu engagieren. Anstatt sich bewusstlos zu trinken und am Strand von Mallorca durchzufeiern. Früher war alles besser? Die Jugend hat keine Ideale mehr? Von wegen!

Mir wurde gleich wärmer und ich fuhr zum Lager Moria, um endlich Ismails Familie zu treffen. Es schneite und die Straßen waren eisig.

Vor dem Haupteingang des Lagers standen viele Menschen herum. Geflüchtete, die ihre Habseligkeiten in bunten Plastiktüten bei sich trugen. Und Polizisten, die den Eingang hermetisch abriegelten. Jeder, der rein wollte, musste sich ausweisen. Ein Zutritt für Außenstehende und Journalisten war strengstens verboten.

Gleich neben dem Lager erhob sich ein großer Hügel, der mit vielen Olivenbäumen bedeckt war. Und mit den notdürftigen Unterkünften, die sich Menschen gebaut hatten, die keinen Platz mehr im Lager gefunden hatten. Ich hatte schon davon gehört. Der Hügel wurde auch „Dschungel" genannt. Als ich mich näherte, wusste ich auch, warum. Eng zusammengepfercht lebten dort tausende Menschen in ihren provisorischen Verschlägen. Leben ist dabei aber übertrieben. Die meisten hausten, litten und vegetierten unter unbeschreiblichen Bedingungen dahin. Verzweifelt suchten sie unter Planen und Brettern zumindest ein wenig Schutz vor Regen, Kälte und Schnee. Sie lagen erschöpft am nassen Boden und blickten mich flehend an. Es roch überall nach verbranntem Plastik. Vom qualmenden Rauch und den Lagerfeuern, die zumindest ein wenig Wärme spenden sollten.

Ein kleiner Junge stand plötzlich neben mir und zog mich aufgeregt am Ärmel. Er hieß Nouri, kam aus Syrien und war gerade erst zehn Jahre alt geworden. Nouri erzählte, dass er einmal ein berühmter Fußballer werden wollte. Dann begleitete er mich durch den Dschungel und führte mich zu seinem Zuhause. Er lebte in einem Verschlag aus durchweichten Pappkartons und schlief am nassen Boden. Gemeinsam mit seiner Mutter, zwei Schwestern und seinem kleineren Bruder. Nouris Mutter begrüßte mich freundlich und bat mich, einzutreten. Wir hockten am Boden, plauderten über ihre Heimat und sie erzählten mir, dass sie in der Nacht große Angst hatten. Es gab kein Licht und sie tranken tagsüber kaum, um nachts nicht hinaus zu müssen. Ich verabschiedete mich bald und versprach Nouri, dass ich ihm echte Fußballschuhe mitbringen würde, wenn ich wieder herkäme.

Dann rief ich Arsalan an, dessen Nummer mir Ismail in Wien gegeben hatte. Arsalan war sein bester Freund. Er gehörte praktisch zur Familie und lebte mit seiner Mutter und den zwei Schwestern auch im Dschungel. Wir trafen uns vor dem Haupteingang des Lagers. Arsalan begrüßte mich in perfektem Englisch. Der hübsche junge Mann wirkte sehr gepflegt mit seinen Turnschuhen und dem modischen Haarschnitt. Arsalan erzählte, dass er in Österreich einmal Architektur studieren wolle und hoffe, bald hier weg zu kommen. Dann führte er mich zu Ismails Familie. Auf schlammigen Feldwegen kämpften wir uns durch Regen, Schnee und dichte Rauchschwaden. Bis zu dem Platz am Rande des Dschungels, wo sich die Familie von Ismail neben einer Müllhalde ihren Unterschlupf gebaut hatte. „Dort vorne ist es!", sagte Arsalan und ich konnte das Zelt sehen. Auf alten Paletten, gebaut aus Brettern, Schachteln und Plastiktüten. Vor dem Eingang wartete ein junger Mann. Er lächelte und winkte uns. „Welcome, Mister Ronny", sagte der junge Mann und bat mich höflich hinein.

DIE HÖLLE
VON MORIA

Ich weiß nicht, wie lange ich schon im Auto sitze. Ich weine und bin tief berührt von der Begegnung mit Ismails Familie. Der Regen prasselt an die Fensterscheiben. Plötzlich höre ich lautes Geschrei. Ich öffne die Augen, wische mir die Tränen aus dem Gesicht und steige aus.

Von weitem sehe ich viele Menschen, die Transparente hochhalten. Auf der Landstraße kommen sie näher, und bald schon bin ich mittendrin. Hunderte geflüchtete Menschen demonstrieren für Essen, Schutz und menschliche Lebensbedingungen. „We want freedom!", rufen sie. Völlig verzweifelt. Aber friedlich. Plötzlich laufen alle hektisch auseinander. Ein großes Aufgebot der Polizei rückt an und schießt ohne Vorwarnung mit Tränengas. Mitten in die Menschenmenge. Alle schreien, alle laufen. Ich verschanze mich im Auto. Und habe einen neuen Plan.

Wenn so viele Polizisten bei der Demo im Einsatz sind, dann stehen wohl jetzt gerade nur wenige vor dem abgeriegelten Lager. Und ich kann es hineinschaffen.

Ich fahre sofort zurück und bereite mich vor. „Nimm den Druck unter deinen Füßen weg, geh ganz selbstverständlich rein und lass gar keine Zweifel aufkommen", spreche ich mir zu. Ich bin aufgeregt. Die beiden Wachen plaudern gerade miteinander und der eine gibt dem anderen Feuer. Ich gehe schnell hinter ihnen vorbei und grüße die Dame am Eingang. Freundlich und selbstbestimmt. Ich stelle mir vor, ich bin ein Regierungsbeamter.

159

Dann bin ich drin. Hinter dem Eingang steht noch ein Polizist. Ich salutiere, wie beim Bundesheer. Er salutiert zurück. Weitergehen, jetzt nur nicht umdrehen. Vom breiten Hauptweg des Lagers biege ich in eine enge Seitengasse ein. Geschafft.

Ich hole meine kleine Kamera aus der Tasche und verstecke sie unter meinem Anorak. Ich kann sie blind und mit einer Hand bedienen. Das habe ich den ganzen Flug lang geübt. Der schlammige Weg ist sehr rutschig, immer wieder muss ich auf Stufen und Steine achten. Zwischen den maroden Wellblech-Containern schlängle ich mich an den vielen Menschen vorbei. Die Kamera halte ich an der Hüfte und filme heimlich. Manche schauen skeptisch, dann verstecke ich die Kamera sofort unter meiner Jacke. Am Wegesrand spielen kleine, völlig durchnässte Kinder mit alten Plastikflaschen. Ich komme zu einem eingezäunten Bereich, vor dem eine lange Menschenschlange steht. Das muss die Essensausgabe sein. Dann sehe ich die Duschen. Ich gehe hinein. Es ist dunkel, nass und riecht vermodert. Einige Männer stehen in Unterhosen bis zu den Knöcheln im kalten Wasser und spritzen sich mit Gartenschläuchen gegenseitig ab. Die anderen stehen angezogen auf Holzbänken, frieren und warten, bis sie dran sind. Ich drehe um und komme an den Toiletten vorbei. Höchstens zehn Camping-Toiletten stehen nebeneinander. Für mehr als 10.000 Menschen. Ich öffne eine Tür und filme. Es stinkt, alles ist überschwemmt.

Ich gehe schnell weiter. Viele Menschen lächeln mir zu und grüßen. Ein junger Mann bittet mich, mitzukommen. Ich gehe ihm nach und begleite ihn zu seiner Baracke. Er stellt mir seine Frau vor, die mir Kekse anbietet. Dann zeigt sie mir ihr kleines Baby, das am kalten Boden schläft. Eingewickelt in ein T-Shirt und eine Plastiktüte. Der junge Mann will noch etwas in die Kamera sagen. Ich verstehe zwar kein Wort, filme aber, um es später übersetzen zu lassen. Ich verabschiede mich und gehe weiter. Durch die engen Gassen. Durch Dreck und Regen.

Da höre ich plötzlich hinter mir jemanden schreien: „Hey, man! What are you doing here?" Ein Polizist packt mich fest am Anorak. Die Kamera verstecke ich noch schnell in meiner Unterhose.

Ich muss mitkommen. Bis zum großen Polizei-Container am Zaun des Lagers. Drinnen sind noch zwei andere Beamte. Sie reden in gebrochenem Englisch auf mich ein. Was ich hier eigentlich will und ob ich nicht weiß, dass der Zutritt verboten sei? Dann nehmen sie mir mein Handy weg und ich muss alle Fotos vom Lager löschen. Die kleine Kamera in meiner Unterhose finden sie nicht. „May I go to the toilet?", frage ich und will mich elegant aus der Affäre ziehen. „No", antwortet der Wachbeamte kurz und bündig. Plötzlich wird es laut. Über das Funkgerät ertönt lautes Gebrüll. Einer schreit hinein, dahinter höre ich viele Menschen, die irgendwelche Parolen rufen. Die Polizisten werden sehr nervös. Wahrscheinlich sind das am Funkgerät ihre Kollegen, die gerade bei der Demo im Einsatz sind. Und nach Verstärkung rufen. Die Polizisten im Container schnallen sich ihre Pistolen um und werfen mich raus. Dann laufen sie in Richtung der Landstraße. Glück gehabt.

Ich mache mich vom Acker und fahre zurück nach Skala Skimensis. Im Zimmer verstecke ich die Speicherkarte meiner Kamera gleich im Koffer. Sicher ist sicher.

Am nächsten Morgen fahre ich wieder zum Lager. Hinein gehe ich aber nicht mehr. Stattdessen besuche ich Ismails Familie im Dschungel außerhalb, bringe ihnen das Notwendigste mit und lade sie in ein Restaurant am Hafen ein. Samir kommt auch mit. Er ist ein Cousin von Ismail, hat in Kabul eine eigene Praxis als Psychologe und lebt seit Monaten im Lager. Samir beschreibt im Auto, wie schwer es hier für ihn ist. Es sind nicht nur anständige Menschen hier und er kann sich mit der Härte und Gewalt kaum zurechtfinden. „Ich muss wohl auch härter werden, um hier zu überleben. Auch wenn ich Gewalt verabscheue", erzählt er. Ich habe schon gehört, dass es im Lager auch gewalttätige und reli-

giöse Gruppen gibt, die andere einschüchtern, erpressen und be-
drohen. Alleine in der letzten Woche sind drei Menschen im Streit
ermordet worden. Ich hoffe, Samir überlebt.

MENSCHENWÜRDEN

Jetzt bin ich schon einige Tage hier, übermorgen fliege ich wieder heim. Einen Shinergy Workshop möchte ich aber unbedingt noch machen.

Ich frage mich durch und fahre zu einer alten Lagerhalle, die unweit des Lagers von einer Hilfsorganisation zur Sportstätte umfunktioniert wurde. Dort treffe ich Estelle. Die junge Frau kommt ursprünglich aus Paris, hat dort Luxusmarken gemanagt und leitet auf Lesbos jetzt ein Sportprojekt für Geflüchtete. Ich erzähle Estelle von meiner Idee und sie ist sofort dabei. Sie stellt mir Hamid vor.

Hamid wirkt sehr athletisch und hat in Afghanistan Kickboxen trainiert. Jetzt unterrichtet er die Bewohner von Moria. Er selbst lebt auch im Lager. Hamid ist anfangs sehr reserviert, aber als Estelle erzählt, warum ich hier bin, lächelt er mich freundlich an und verbeugt sich mit einem lauten „Oss" – dem japanischen Gruß unter Kampfsportlern. Er ruft die anderen Burschen zusammen, die rund um die Halle warten. Alle wollen wissen, was ich in Wien mache. Und freuen sich auf unser Training.

Als ich am nächsten Tag zur Halle fahre, weiß ich nicht, was mich erwarten wird. Ich bin mir nicht mehr sicher, ob überhaupt jemand kommen wird. Ich fahre vorher noch am Lager vorbei und hole Ismails Bruder Omar ab. Er steht schon am Straßenrand und kann es kaum erwarten, mit dem Training zu starten.

Als wir bei der Halle ankommen, stehen schon mehr als zwanzig Männer vor dem Tor. Sie winken und begrüßen uns mit einer Verbeugung, wie man sie aus asiatischen Kampfkünsten kennt.

Omar ist verlegen. Ich kann es nicht fassen. Die Burschen leben unter schwierigsten Bedingungen, haben kaum etwas zu essen und mussten einen stundenlangen Fußweg auf sich nehmen, um hierher zu kommen. Und jetzt stehen sie lächelnd in sauberer Sportkleidung vor mir. Bereit, loszulegen.

Wir gehen hinein und Hamid lässt alle im Kreis aufsetzen. Er stellt mich vor und ich erzähle von unserer Philosophie. Ich erzähle auch von meinen tapferen Burschen in Wien, die früher alle hier waren und nicht aufgegeben haben. Ich erzähle von den Erfolgen, der Achtsamkeit und davon, wie man in der Kampfkunst Shinergy lernt, mit Angst und Wut konstruktiv umzugehen. Um Kraft zu schöpfen und Konflikte friedlich zu lösen.

Es ist ganz still und die jungen Männer lauschen interessiert. Dann meditieren wir, üben das Stehen, wärmen uns auf und legen los: Abwehr, Ausweichen, Schläge und Tritte. Partnerübungen, Sparring und intensive Konditions-Zirkel – drei Stunden lang schleife ich die Burschen durch ein Training, das an Intensität kaum zu überbieten ist. Alle sind die ganze Zeit mit vollem Einsatz dabei. Niemand gibt auf. Ich bin begeistert. So einen Kampfgeist, so einen Einsatz und so einen respektvollen Umgang habe ich selten erlebt.

Zwischendurch halte ich kurz inne und vergegenwärtige mir diesen Augenblick. Ich stehe hier in einer verwahrlosten Lagerhalle beim Flüchtlingslager Moria. Ich unterrichte meine Kampfkunst. Ich habe das Gefühl, genau am richtigen Ort zu sein. Nirgendwo anders hätte ich lieber unterrichtet.

Der Abschied fällt mir sehr schwer. Die Burschen stellen sich nebeneinander auf und singen gemeinsam ein Lied aus ihrer Heimat. Dann tritt jeder einzeln vor, bedankt sich für das Training und umarmt mich. Ich bin gerührt und verspreche, dass ich bald zurückkommen werde.

Vor der Halle plaudern wir noch länger. Zu den Burschen habe ich einen sehr guten Draht. Als Kampfsport-Trainer fällt mir das sicherlich auch leichter. Die Jungs sind gerade dabei, erwachsen zu werden, voller Testosteron und wollen nichts mehr, als endlich ihr Selbstbewusstsein finden. Da kann Kampfsport ein echter Anker sein. Mit Ausdruckstanz oder einer Maltherapie hätte ich mir sicherlich schwergetan.

Am wichtigsten war dabei aber die gegenseitige Wertschätzung. Ich bin nicht aus Mitleid nach Moria gefahren, sondern aus Hochachtung. Ich unterrichte meine Burschen in Wien auch nicht, weil sie mir so leidtun. Ich bewundere sie für ihren Mut. Dafür, wie sie Herausforderungen entgegentreten und wie wertschätzend sie mit anderen umgehen. Mit Bewunderung und Hochachtung bin ich den Menschen in Moria begegnet. Sie haben nichts mehr. Aber ihre Würde und ihre Zuversicht haben sie sich bewahrt. Wie aussichtslos die Situation auch zu sein scheint, niemand kann es ihnen nehmen, auf ein besseres Leben zu hoffen.

Ich treffe die tapferen Freedom Fighter von Moria spätabends vor dem Lager noch einmal. Gemeinsam wollen wir durch den Dschungel gehen. Mitten in der Nacht. Ist zwar nicht ungefährlich, aber in Begleitung von den Burschen, die jeden neugierigen Blick mit sofortiger Zurechtweisung vor mir abschirmen, fühle ich mich beschützt.

Die Zeit vergeht viel zu schnell. Am Weg zum Flughafen fällt mir ein, dass ich auf Nouri vergessen habe, den kleinen Jungen, der mich am ersten Tag durch den Dschungel geführt hat. Ich habe ihm doch neue Fußballschuhe versprochen. Ich drehe um. Mit Nouris Foto auf meinem Handy frage ich mich durch und finde ihn, als er gerade auf einer Müllhalde mit alten Dosen Fußball spielt.

Wir fahren gemeinsam in den Supermarkt und Nouri darf sich neue Sportschuhe aussuchen. Die braucht er schließlich, wenn er einmal ein berühmter Fußballer werden will. Nouris Augen leuchten, als wir durch die Gänge zwischen überfüllten Regalen gehen und er seine Fußballschuhe findet. Weil seine Hose völlig zerschlissen ist, soll er sich auch gleich eine neue aussuchen. Nouri winkt ab. Und fragt mich, ob er seinem kleinen Bruder eine Hose mitnehmen darf. Der braucht sie dringender und würde sich sehr freuen. Mit neuen Fußballschuhen und einer blitzblauen Sporthose bringe ich Nouri zurück ins Lager. Und sehe ihm nach, wie er aufgeregt zu seinem Zelt läuft.

Meine Gefühle in Moria kann ich kaum beschreiben. Ich bin von den Begegnungen sehr berührt. Soviel Leid und Not. Soviel Würde und Zuversicht. Vielleicht konnte ich manchen sogar ein wenig helfen und Hoffnung schenken. Zumindest aber die Gewissheit, dass sie gesehen werden und ein menschenwürdiges Leben verdient haben. Ich habe große Hochachtung vor den Menschen in Moria und das Gefühl, zur richtigen Zeit am richtigen Ort gewesen zu sein mit dem, was ich am besten kann. Ich sehe einen Sinn.

DIE SCHANDE
IM SCHAUFENSTER

Am Flughafen in Athen sehe ich den nicht mehr. Und bin völlig erschlagen vom hektischen Gedränge im Duty-Free-Shop. Penetrante Düfte, schamlos überteuerte Kleidung und grell blinkendes Spielzeug. Hämisch grinsende Models, die aussehen, als hätten sie ihr halbes Leben im Thermalbad verbracht, scheinen den Menschen auf Werbeplakaten zuzurufen: Du bist, was du hast! Und wie viel du davon hast!

Ich bleibe vor einem Schaufenster stehen. Von einem Plakat lächelt mir ein Milchgesicht entgegen, das aussehen soll, als hätte es gerade Paris-Dakar gewonnen. Und sich mit schmollenden Lippen um einen verwegenen Blick bemüht. Diesen Blick kenne ich gut.

Früher habe ich auch immer so posiert. In Zeitungsartikeln und auf Werbeprospekten. Mit angespannten Muskeln, zusammengekniffenen Augen und mit Kussmund.

Ist schon lange her. Und ich habe mich verändert. Das wird mir bewusst, als ich mein im Spiegelbild betrachte. Pfuh – ich sehe ganz schön heruntergekommen aus, mit dem Bart und den langen Haaren. Und könnte locker der Vater des Buben am Plakat sein. Ich fühle mich aber zufriedener als jemals zuvor und bin froh, dass ich mich nicht mehr in Pose schmeißen muss. Ich muss nur schmunzeln. Aber nicht sehr lange.

„Haben die denn überhaupt keinen Anstand mehr?", denke ich, als ich mir vor dem Einsteigen ins Flugzeug noch einen Kornspitz kaufen möchte. „Nur eine Stunde von hier entfernt liegen Menschen im Dreck und sterben an Hunger. Und ihr verlangt neun Euro für ein vertrocknetes Stück Brot?" Ich kann es nicht fassen.

Im Flugzeug schaue ich mir die Bilder auf meiner kleinen Kamera an. Was für eine Schande. Uns geht es allen so gut und hier leben Menschen unter unbeschreiblichen Bedingungen. Nicht irgendwo am anderen Ende der Welt. Mitten in Europa. Junge Männer, Frauen und Kinder, die nicht wissen, wie sie den nächsten Tag überleben sollen. Wir müssen die Menschen dort rausholen. Ihnen menschenwürdige Lebensbedingungen und ein faires Asylverfahren zukommen lassen.

Wir können viel von ihnen lernen. Diese Menschen haben so viel Dankbarkeit und Lebensmut. Vielleicht können sie uns aus dem Dornröschenschlaf unserer Wohlstandsgesellschaft wecken. Uns zeigen, worauf es wirklich ankommt. Ich muss den Leuten in Österreich unbedingt zeigen, was gerade in Moria passiert.

In Wien angekommen, veröffentliche ich auf Facebook meine Bilder, die ich heimlich in Moria gefilmt habe. Ich werde zu Fernseh-Interviews eingeladen und erzähle von den schrecklichen Zuständen in Moria, dem Leid und dem Sterben.

Die paar tausend Leute aus den überfüllten und menschenunwürdigen Lagern aufzunehmen, wäre weder für Österreich noch für andere EU-Staaten ein Problem. Niemandem würde etwas fehlen.

Leute verrecken zu lassen, anstatt sie zu evakuieren, dafür stehen unsere Bundesregierung und die verantwortlichen EU-Politiker. Das ist ein Verbrechen. Ein Verstoß gegen die Menschenrechte. Und Tatbestand unterlassener Hilfeleistung.

Mit meinen Bildern will ich zeigen, dass das nicht irgendwelche Zahlen sind, sondern konkrete Schicksale, Gesichter und Menschenleben.

Viele Menschen teilen meine Meinung. Und meine Postings. Natürlich ändert sich dadurch nichts. Die österreichische Bundesregierung, unter der Führung der christlich-konservativen ÖVP, schließt die Balkanroute. Nur um noch mehr Wählerstimmen zu ergattern, die sonst der rechtsnationalen FPÖ zugekommen wären. Auf Kosten der Menschen, die vor unserer Haustüre sterben. Eine Schande. Für Österreich. Und Europa.

Mit meinen Videos und Aktionen versuche ich auch weiterhin zur Zivilcourage aufzurufen. Wir müssen noch lauter werden, um den Druck auf die Bundesregierung zu erhöhen. Immerhin vertreten Politiker die Meinung ihrer Wähler. Das wissen sie ganz genau. Deshalb basiert ihr politischer Kurs in Wirklichkeit auch nur auf Meinungsumfragen. Wenn sich die Meinung ändert, ändert sich die Politik. Und es werden immer mehr, die nicht mehr wegsehen wollen. Und sich engagieren.

Erich Fenninger von der Volkshilfe, David Albrich und seine Plattform für eine menschliche Asylpolitik, Natalie Gruber mit Josoor und Petar Rosandić von S.O.S.-Balkanroute rufen zu Kundgebungen auf, viele couragierte Österreicher folgen ihnen auf Demos und mit Lichtermeeren.

Die Politik scheint das nicht zu interessieren. Ich kann sie kaum noch ertragen – die geschniegelten Sittenwächter, die in TV-Runden ihre auswendig gelernten und angstschürenden Floskeln zur weltweiten Flüchtlingskrise aufsagen. Und sich im Nadelstreif, in genagelten Schuhen und mit armseliger Arroganz vehement gegen die Aufnahme von Geflüchteten stellen. Nur einen einzigen Tag sollen die im Lager verbringen.

Ich bin nicht weltfremd. Und weiß sehr wohl, dass es langfristig auch grundlegende Maßnahmen zur Bewältigung dieser Herausforderungen geben muss. Schnelleren Zugang zu fairen Asylverfahren, Hilfe vor Ort und direkte Aufnahmen aus den Herkunftsländern der Geflüchteten. Auf Lesbos herrscht jetzt aber äußerster Notstand. Was dort zählt, ist erste Hilfe.

Ich glaube, die Politiker sind völlig weltfremd. Und würden selbst bei einem Autounfall mit Schwerverletzten noch über Tempolimits und Treibstoffpreise schwafeln. Anstatt zu helfen.

Die unterlassene Hilfeleistung macht mich wütend. Jeden Tag poste ich Videos, die mir meine Freunde aus Moria schicken. Bilder von Hunger, Leid und Angst.

TREIBJAGD
AM BALKAN

Wie an jenem Tag, als mich Ismail frühmorgens anruft. Er spricht sehr aufgeregt. Seine Familie hat es von Moria aufs Festland geschafft und ist von Schleppern in der Nacht nach Serbien gebracht worden. Jetzt sitzen sie in Belgrad fest. Ohne Geld. Ohne Essen und Unterkunft.

Ich fahre sofort los. Ismail und seine Freundin navigieren mich über das Telefon und ich finde die Familie in einem Park, wo sie schon den ganzen Tag auf mich gewartet hat. Ismails Vater, seine Mutter, Omar, Parissa und die beiden kleinen Brüder – sie sind alle sehr erschöpft. Und glücklich, mich zu sehen. Wir lachen und umarmen uns.

Es ist fast Mitternacht, als wir von Belgrad zur ungarischen Grenze fahren. Omar sitzt neben mir und hält die ganze Zeit meine Hand. Ismails Mutter und der Vater sitzen hinten und sprechen kein Wort. Die kleinen Kinder schlafen erschöpft ein. Als wir uns der Grenze nähern, weckt sie der Vater auf. Die Kinder sind sofort hellwach und bereiten sich schweigend vor. Diese Bilder werde ich nie vergessen. Wie siebenjährige Kinder ihre letzten Habseligkeiten in den kleinen Rucksäcken verstauen, alle Zippverschlüsse ihrer Jacken kontrollieren und sich auf die Flucht vorbereiten, als hätten sie nie etwas anderes getan. Einen Kilometer vor der ungarischen Grenze fahre ich rechts ran und lasse die Familie am Pannenstreifen aussteigen. Geduckt laufen sie in den Wald. Ich blicke ihnen noch hinterher und sehe, wie eine Mutter, die sechs gesunde

Kinder zur Welt gebracht hat, in die Dunkelheit läuft. Im Arm hält sie ihr kleinstes Kind. Die anderen Kinder laufen ihr nach. Genau wie ihr Mann, der sich noch nie etwas zu Schulden kommen hat lassen. Sie laufen in Panik um ihr Leben. Wie gehetztes Wild.

Als ich an der Grenze kontrolliert werde, höre ich schon die Sirenen. Grenzbeamte und Polizisten laufen hektisch und mit gezückten Pistolen in die nächtlichen Wälder. Die Familie hat es nicht geschafft.

Ich bin schon fast in Budapest, als Omar mich anruft. Er erzählt, dass sie schon bis zum Grenzzaun gekommen waren. Die Mauern dahinter waren aber viel zu hoch und sie wurden erwischt. Jetzt sitzen sie in einem Bus und werden in ein Flüchtlingslager nahe Belgrad gebracht. Omars Stimme klingt aber nicht traurig. Im Hintergrund höre ich die anderen. Auch sie wirken nicht niedergeschlagen. „Danke, Ronny! Wir geben nicht auf und werden es bald wieder versuchen. Irgendwann werden wir es sicher schaffen und unseren Ismail wieder in die Arme schließen."

Als ich wieder in Wien ankomme, bin ich erschöpft, aber nicht müde. Ich bin fasziniert, wie Ismails Familie mit ihrem Schicksal umgeht. Sie sind vorerst gescheitert. Und trotzdem voller Zuversicht und Hoffnung.

Dann kommt der erste Corona-Lockdown und ich muss mein Kampfsport-Zentrum schließen. Das macht mir nichts aus. Ich habe meine Familie, ein Dach über dem Kopf und genug zu essen. Und bin mir sicher, dass wir die Krise nicht nur überstehen, sondern nutzen werden. Ich rufe alle Trainer zusammen, miete ein Filmstudio und wir drehen Video-Kurse in Yoga, Pilates, Fitness und Kampfsport, die wir kostenlos online stellen. Außerdem gebe ich dem Vermieter einen großen Raum zurück und überarbeite unseren Stundenplan. Damit können wir die monatlichen Kosten maßgeblich senken. Ich frage mich, warum ich das alles nicht schon viel früher gemacht habe. Scheinbar kann so eine Krise auf längst notwendige Veränderungen hinweisen. Und eine Unterbrechung guttun. Wenn man sich nicht unterkriegen lässt.

Nach dem Lockdown legen wir gleich wieder los. Mit vielen neuen Mitgliedern, die während der Schließung online mit uns trainiert haben.

Auch meine Freedom Fighters sehe ich endlich wieder. Wir trainieren, lachen und freuen uns, als Ismail und Sharif ihre Aufenthaltsgenehmigung bekommen. Bei Ismail läuft das Berufungsverfahren wie geschmiert. In fließendem Deutsch erzählt er vor Gericht seine Geschichte, gemeinsam mit seiner Partnerin und dem Direktor des Hotel Sacher werde ich als Zeuge einvernommen. Die Richterin ist von Ismails Integration begeistert und verlautbart noch am gleichen Tag ihre Zusage zur Aufenthaltsgenehmigung. Bei Sharif steht die Sache auf der Kippe. Trotzdem gibt er nicht auf und erhält in allerletzter Berufung endlich Asyl. Sharif ist in Sicherheit. Er muss nicht mehr um sein Leben fürchten und kann den nächsten Weihnachtsabend mit seiner Patenmutter verbringen. Ali Rezas zweiter Antrag wird aber erneut abgelehnt. Ich kann das nicht verstehen. Ali Reza erfüllt alle Voraussetzungen, ist in seiner Heimat unmittelbar an Leib und Leben bedroht und perfekt integriert. Als amtierender Vizeweltmeister wird er aber bestimmt nicht aufgeben. Da bin ich mir sicher.

HOFFNUNG
IN FLAMMEN

Mit meinen Freunden in Moria telefoniere ich fast jeden Tag. Sie schicken mir Videos von ihrem Training, Arsalan schickt mir Bilder vom Lager. Keiner gibt auf. Alle hoffen weiter.

Eines Morgens steht ihre Hoffnung in Flammen. Das Lager Moria ist in der Nacht komplett abgebrannt. Tausende Menschen haben ihr letztes Hab und Gut verloren und stehen mit ihren Kindern obdachlos am Straßenrand. Die griechische Regierung lässt sie dort stehen. Im Regen und ohne Nahrung. Erst nach einer Woche verfrachten sie die Menschen in ein provisorisches Zeltlager, das sie auf dem alten Truppenübungsplatz „Kara Tepe" errichtet haben. Die Burschen schicken mir Fotos. Und sind völlig verzweifelt.

Die österreichische Regierung sieht weiterhin tatenlos zu. Der Innenminister posiert in Athen zwar medienwirksam und mit aufgekrempelten Hemdsärmeln vor einer Hilfslieferung. Angekommen an ihrem Bestimmungsort sind die Zelte aber nie. Genau wie die großmündig angekündigten Heizkörper, die nur mit Starkstrom laufen. Den gibt es dort nicht.

Auch große karitative Organisationen starten jetzt Spendenaufrufe und sammeln Millionen. Die Menschen in Moria sehen aber nichts davon. Außer den tausend Paletten Klopapier, die erst nach Wochen geliefert werden. Im Lager kann das niemand verstehen. Und schon gar nicht brauchen. Nach arabischer Kultur wäscht man sich dort nach der Toilette. Außerdem verstopft

Klopapier die Abflüsse. Niemand hat jemals nachgefragt, was die Menschen dort wirklich brauchen.

Mir reicht's. Ich muss etwas tun.

Ich starte online eine eigene Kampagne und verspreche, jeden gespendeten Euro persönlich an die Menschen in Kara Tepe zu übergeben. Mir ist klar, dass so eine Aktion heikel ist. Mit hohen Geldbeträgen durch ein Flüchtlingslager zu spazieren, kann schon problematisch werden. Auch für die Menschen, denen ich das Geld dort übergebe.

Trotzdem will ich das durchziehen. Mit dem Geld können sich die Menschen im Supermarkt dann kaufen, was sie am dringendsten benötigen. Außerdem empfinde ich es als respektvoll, den Bedürftigsten das Bargeld zu übergeben und dessen Verwendung ihnen selbst zu überlassen. Meine Freunde in Moria werden mir bestimmt dabei zur Seite stehen.

Viele Menschen spenden und ein befreundeter Barbesitzer liefert sogar exquisite Menüs aus. Um mir den Erlös mitzugeben. Innerhalb einer Woche habe ich 7000 Euro beisammen und mache mich auf den Weg. Diesmal buche ich mir mein Zimmer gleich direkt in der Hauptstadt Mytilini, die nur fünf Minuten vom Lager entfernt ist. Dann muss ich nicht immer um die halbe Insel fahren. Gleich nach der Landung fahre ich zum alten Lager nach Moria. Ich gehe durch die Ruinen der verkohlten Baracken. Es ist gespenstisch. Dort, wo vor kurzem noch tausende Menschen auf engstem Raum gelebt haben, ist alles zerstört und mit schwarzer Asche bedeckt. Es herrscht Totenstille. Die wird nur ganz selten unterbrochen, wenn irgendwo gehämmert wird. Scheinbar verstecken sich noch einige Menschen im alten Lager.

Ich gehe auf den Hügel, wo die vielen Zelte aus Plastikplanen und Pappkartons eng aneinandergereiht gestanden sind. Der „Dschungel" ist verwüstet und ich kann förmlich spüren, wie die Menschen in Panik um ihr Leben gerannt sind. Verkohlte Kinderschuhe liegen herum. Stumme Zeugen der Todesopfer.

Ich fahre zum neuen Lager in Kara Tepe, parke mein Auto in sicherer Entfernung und möchte zuerst die Lage erkunden. Von weitem sieht das Lager gar nicht so schlimm aus. Weiße Zelte, blauer Himmel und das Meer – fast wie auf einer Postkarte. Als ich vor dem Haupteingang stehe, kann ich es aber besser erkennen. Die wackeligen Zelte sind mitten auf der sandigen Küste aufgestellt und schutzlos dem starken Wind ausgesetzt. Vor dem Eingang stehen viele Geflüchtete. In Plastiktüten haben sie ihre letzten Habseligkeiten verstaut und warten in langen Reihen darauf, die strenge Zutrittskontrolle zu passieren.

Ich rufe Nahil an, der mit seiner Frau und seinen beiden kleinen Kindern im neuen Lager lebt. Seinen Kontakt habe ich von Ismail bekommen. Wir treffen uns vor dem Lager und ich lade ihn zum Essen in ein. Nahil erzählt, dass er mit seiner Familie in einem kleinen Zelt am kalten Boden schläft. Fließendes Wasser und Duschen gibt es keine. Medizinische Versorgung auch nicht. Und die zehn Toiletten reichen bestimmt nicht aus. Nahil verschlingt hastig die Beilagen seiner Fischplatte. Den Fisch packt er in Zeitungspapier ein, um ihn seiner Familie mitzunehmen. Ich erzähle Nahil von meinem Plan der Geldübergabe. Er verspricht mir, besonders bedürftige Familien auszuwählen und sie zu einem versteckten Ort in der Nähe des Lagers zu bringen. Dort kann ich das Geld übergeben, ohne dass es jemand merkt. Wir vereinbaren, uns am nächsten Tag zu treffen.

Von meinem Zimmer rufe ich Doro Blancke an. Ich kenne sie noch nicht persönlich, habe aber auf Facebook mitverfolgt, wie sie sich in Moria engagiert. Es ist Zufall, dass sie zur gleichen Zeit auf Lesbos ist und wir treffen uns abends in einem Restaurant. Wir plaudern die ganze Nacht und ich bin von ihrer Weltsicht und herzlichen Art fasziniert. Ich bezahle alles. Auch weil Doro mir erzählt, dass sie gerade knapp bei Kasse sei und ihren Flug nur durch die Unterstützung einer Freundin finanzieren konnte. Am Weg zu meiner Pension erinnere ich mich, wie ich meine Reise gebucht habe. Ich habe einfach online den nächstbesten Flug ausgewählt und meine Kreditkarten-Nummer eingetippt. Und dabei gar nicht so sehr darauf geachtet, wieviel der kostet. Für viele Menschen sind ein paar hundert Euro keinen Gedanken wert. Sie haben mehr als genug. Aber Doro hat noch mehr. Mehr Zufriedenheit und mehr Lebensfreude.

Am nächsten Tag treffe ich sie wieder. Am anderen Ende der Insel, wo sie bei der Initiative „Home for All" mitarbeitet. Ein einheimisches Paar, das früher einmal eine gut gehende Taverne führte, hat dieses Projekt ins Leben gerufen und kocht täglich mehr als tausend Menüs für die Bewohner von Kara Tepe.

Doro hilft dort mit. Und verteilt das Essen an die vielen Menschen, die in den Olivenhainen rund ums Lager leben. Außerdem kauft sie ihnen Schuhe und Kleidung. Ich begleite sie in die Wälder um Kara Tepe. Ich möchte sie beschützen. Und bin beeindruckt. Was für eine mutige Frau. Stellt sich wie selbstverständlich hin, öffnet den Kofferraum und verteilt Schuhe an Menschen, die schon den ganzen Tag am Straßenrand auf sie warten. Sie drängen sich ans Auto. Doro bleibt gelassen. Bestimmt und mit lauter Stimme mahnt sie zur Disziplin. Um augenblicklich mit sanfter Stimme nach den jeweiligen Größen zu fragen. Ihre Herzlichkeit scheint beruhigend zu wirken.

Ich möchte trotzdem noch eine Weile auf sie aufpassen. Dann muss ich aber los.

WO DIE TOTEN KINDER WOHNEN

Im Rucksack habe ich orange Kuverts verstaut, die ich in meinem Zimmer mit zwei bis drei 100-Euro-Scheinen befüllt habe. Ich fahre zum vereinbarten Treffpunkt hinter einer alten Garage nahe des neuen Lagers.

Nahil ist nicht dort. Niemand ist da.

Langsam werde ich nervös. Dann sehe ich eine Menschentraube, die sich auf der Landstraße zu Fuß der Garage nähert. Männer und Frauen – manche tragen Babys am Arm. Auch ältere Menschen sind dabei. Eine Dame stützt sich auf ihren Stock. Ganz vorne geht Nahil. Und winkt mir zu.

Er hat einzelne Vertreter von fast dreißig Familien mitgebracht, die kleine Kinder haben und im Lager leben. Ich übergebe jedes einzelne Kuvert persönlich. Im Namen der Spender und mit Grüßen aus Österreich. Die Menschen freuen sich. Manche weinen vor Rührung. Ich soll den Spendern unbedingt ihre Dankbarkeit ausrichten. Das werden sie ihnen nie vergessen.

Beim Abschied vereinbare ich mit Nahil, dass wir die Aktion am nächsten Tag wiederholen. Den genauen Zeitpunkt wollen wir uns dann noch telefonisch ausmachen.

Leider kann ich Nahil am nächsten Tag nicht erreichen, habe aber noch Geldkuverts über. „Dann musst du eben wieder rein", denke ich und fahre zum Lager Kara Tepe. Ich beobachte zuerst die Abläufe. Vor dem Haupteingang stehen drei Polizisten. Einer bewacht den Eingang. Die anderen beiden kontrollieren mit einem Metalldetektor alle Geflüchteten, die ins Lager wollen. Sobald der Detektor anschlägt, piepst es laut und die beiden Polizisten rufen ihren Kollegen zu Hilfe. Zu dritt durchsuchen sie dann Kleidung und Taschen. Die Sache ist eigentlich ganz einfach.

Ich stelle mich neben den Eingang hin und tue so, als würde ich telefonieren. Dann muss ich eigentlich nur noch darauf warten, bis der Metalldetektor piepst und der Polizist vor dem Tor neugierig seinen Kollegen zu Hilfe eilt.

Pieps – und ich bin drinnen.

Ich gehe durchs Lager und filme wieder mit meiner kleinen Handkamera. Ich habe gedacht, dass die Zustände von Moria nicht mehr schlimmer werden könnten. Ich habe mich geirrt. In Kara Tepe gibt es keine Container mehr. Im neuen Lager vegetieren tausende Menschen dicht gedrängt in einfachen Zelten und schlafen am nackten Boden. Mehrere Familien teilen sich die kleinen Zelte im vorderen Bereich. Alleinreisende Männer sind in den größeren Zelten auf einer Anhöhe untergebracht. Bis zu 200 Männer in einem einzigen Zelt. Sanitäre Anlagen, warmes Wasser oder Duschen gibt es nicht. Die Menschen waschen sich im Meer. Und verrichten ihre Notdurft hinter Büschen. Ich sehe etwa zehn bis 15 Camping-Toiletten. Für rund 8000 Menschen.

Ich bleibe wachsam, gehe zügig und vermeide Menschenmengen. Bei den großen Zelten für Alleinreisende stecke ich die Kamera lieber weg. Dort liegen die Nerven blank. Sobald mich jemand anspricht, gebe ich vor, es eilig und keine Zeit für Plaudereien zu haben. Ich muss unsichtbar bleiben. Niemand darf wissen, dass ich Kuverts im Wert von mehreren tausend Euros mit mir trage. Von hinten ruft mir jemand nach. „Teacher, Teacher!" – es ist Hamid, der Kickbox-Trainer meiner Freedom Fighter aus Moria. Ich gehe mit Hamid in eine versteckte Ecke des Lagers, hinter einer Mauer. Dort treffe ich auch die anderen. Sie trainieren hier jeden Tag gemeinsam. Als sie mich sehen, laufen sie auf mich zu. Ich freue mich sehr, die Burschen wiederzusehen. Sie erzählen mir von ihrem beschwerlichen Alltag. Täglich müssen sie sich bis zu fünf Stunden um Essen anstellen. Wenn es regnet, sind ihre undichten Zelte völlig überschwemmt und sie versuchen sich vergeblich vor der Kälte zu schützen. Sie zeigen mir Bilder ihrer Kinder, die auf nassen Decken und Zeitungen schlafen. Ich gebe jedem ein Kuvert. Dann trainieren wir.

Ich fühle mich sicher. Unbemerkt husche ich schnell in Zelte, in denen Familien mit kleinen Kindern leben. Ich übergebe die Kuverts, bitte mit Handzeichen um Stillschweigen und bin gleich wieder weg. Manchmal bleibt auch Zeit für kurze Gespräche. Die Menschen erzählen mir von ihrem Leid. Einmal am Tag bekommen sie ein spärliches Essen. In Plastik verpackt und oftmals schon vergoren. Viele sind krank. Medizinische Versorgung gibt es keine.

Im Lager sehe ich auch viele kleine Kinder, die mit weit aufgerissenen Augen herumlaufen und sich dabei mit der Faust ständig auf den eigenen Kopf schlagen.

Das habe ich in Moria auch schon oft gesehen. In Kara Tepe leben mehr als 2000 Kinder. Viele haben noch nie eine Schule besucht und spielen im Abwasser. Das Lager dürfen sie nur einmal pro Woche verlassen. Viele sind verletzt und krank. Manche werden in der Nacht von Ratten gebissen. Ich spreche mit Eltern, die mir verzweifelt erzählen, dass ihre Kinder in der Nacht nicht mehr schlafen. Und sich schon das Leben nehmen wollten. Die Kinder in Kara Tepe sind schwer traumatisiert, leben in ständiger Todesangst und stehen unter schwerem Schock

Ich sah in Moria aber niemals ein einziges Kind weinen. In Kara Tepe sehe ich das auch nicht. Angst kennt keine Tränen.

Nach drei Stunden habe ich die Kuverts verteilt. Jetzt muss ich nur noch rauskommen. Zuerst will ich noch an den Wachen vorbeisprinten und sie überraschen. Von hinten würden sie mich wohl doch nicht mit einem Elektro-Teaser niederstrecken. Ich entscheide mich dann aber für die sicherere Variante. Ich gehe direkt auf einen Sicherheitsbeamten zu und beginne ihn mit lauter Stimme zurechtzuweisen. „What the fuck are you doing here?

Why did you let me in?", brülle ich ihn an. Der ist völlig überrascht, sieht mich erschrocken an und scheucht mich aufgebracht weg. „Go, go, go!" Sehr gerne, Herr Inspektor. Druck schafft eben immer Gegendruck. Und manchmal ist das auch gut so.

Erleichtert gehe ich zum Hafen und setze mich in ein kleines Café an der Promenade. Dort wird mir gnadenlos der Kontrast vor Augen geführt. Vor mir liegen Luxusyachten. Hinter mir 5-Sterne-Hotels und hippe Bars. Die Leute essen, trinken und feiern unbeschwert. Während sich nur fünf Minuten entfernt humanitäre Dramen abspielen und Menschen verrecken. Einen besseren Blick auf die beschämende Doppelmoral europäischer Politik hätte ich wohl nicht erhaschen können.

Über Facebook und Instagram halte ich Spender und Unterstützer am Laufenden. Für österreichische Fernsehsender berichte ich über Zoom auch live von den Zuständen vor Ort. Ich freue mich über den Zuspruch und viele Kommentare. Das gibt mir das Gefühl, nicht ganz allein hier zu sein. Kritiker gibt es auch. Unter freiwilligen Helfern wird heftig diskutiert, ob eine Geldübergabe angemessen ist. Ich kann sie gut verstehen. Und finde es trotzdem richtig. Weil sich die Menschen mit dem Geld kaufen können, was sie wollen. Und am dringendsten brauchen.

Außerdem wissen die Kritiker auch nicht, wie vorsichtig ich bei der Verteilung bin. Und meine Freunde aus dem Lager kennen sie auch nicht. Unter solchen Voraussetzungen kann man das Geld auch persönlich übergeben. Ich kann das jedenfalls. Und ich bin sicher nicht der Einzige.

JESUS WAR EIN FLÜCHTLING

In Österreich erheben immer mehr Menschen ihre Stimme für Geflüchtete. Ich bin zu einem Vortrag bei der Initiative „Menschen.Würde.Österreich" eingeladen, die das Engagement der Zivilgesellschaft vernetzen und koordinieren will. Und lerne dort viele engagierte Menschen kennen. Wie die Schauspielerin Katharina Stemberger, die mit ihrer Initiative „Courage" sichere Plätze für Geflüchtete in österreichischen Gemeinden organisiert.

Die Bundesregierung müsste nur grünes Licht geben, dann könnten viele Menschen aus den Lagern sofort gerettet werden.

Hilft aber nichts, wenn EU-Politiker die Geflüchteten weiterhin als Faustpfand für populistische Ignoranz und die Missachtung grundlegender Menschenrechte verwendet. Und sich die österreichische Bundesregierung immer noch aus der Verantwortung stiehlt und sich vehement gegen die Aufnahme von Familien aus Lesbos stellt. Es ist beschämend. Und zum Verzweifeln. Zwischen unsäglichem Leid und der Rettung von Menschen aus Moria stehen in Wirklichkeit nur noch einige wenige Politiker. Allen voran der Bundeskanzler.

Und wenn sie sagen, dass sie dort nicht helfen können, haben sie damit vielleicht sogar recht. Sie können es eben nicht. Dann sollen sie aber doch bitte den Platz für andere freimachen, die dieser Herausforderung gewachsen sind. Die erzkonservativen Muttersöhnchen der christlich-sozialen ÖVP sind das sicher nicht. Ich freue mich schon, wenn sie am Weihnachtsabend dann wieder mit den Eltern bei der Herbergssuche flennen. Jesus könnte das nicht verstehen. Seine Eltern wurden abgewiesen. Jesus war ein Flüchtling.

Meine Burschen leiden sehr unter den Berichten aus Lesbos. Viele haben Verwandte und Freunde, die in Kara Tepe leben und in täglichen Telefonaten um Hilfe flehen. Die Jungs können das kaum noch ertragen. Ich stelle mir vor, wie ich mich fühlen würde, wenn meine Familie in so einem Elend leben müsste. Wenn meine Töchter im nassen Dreck liegen, nichts zu essen haben und sich jede Nacht frierend in den Schlaf weinen. Das sollten sich die Politiker auch einmal vorstellen. Warum hilft Europa nicht?

An Geld fehlt es bestimmt nicht. Griechenland hat von der EU bereits Millionenbeträge überwiesen bekommen. An genügend Aufmerksamkeit mangelt es mit Sicherheit auch nicht. Niemals zuvor wurden mehr Bilder und Berichte einer humanitären Katastrophe in Europa veröffentlicht. Noch nie wurde so oft gewarnt und auf die verheerenden Zustände hingewiesen.

Es fehlt am Willen. Europa stellt sich stur und will durch die schrecklichen Zustände verhindern, dass noch mehr Geflüchtete die Außengrenzen überqueren. Dazu werden sämtliche Menschenrechte verletzt und die Flüchtlingskonvention einfach ignoriert. Gesetzt wird auf eine sinnlose Politik der Abschreckung. Auf Kosten von Menschenleben. Ein Verbrechen. Vorsätzlich.

Gemeinsam mit unzähligen Initiativen und Einzelkämpfern bin ich zu einer Klausur mit Politikern eingeladen. Dort wird viel geredet. Vor allem darüber, was nicht möglich ist. Das hilft auf Lesbos niemandem. Wir brauchen keine Worte mehr. Was jetzt zählt, sind Handlungen. Wir müssen die Menschen aus Lesbos evakuieren.

In Wien angekommen, bin ich noch am gleichen Abend zu einem Interview in die Nachrichtensendung „Zeit im Bild" eingeladen. Ich berichte, was ich gesehen habe. Und davon, was ich nicht gesehen habe. Die Hilfslieferungen aus Österreich zum Beispiel. Die vergammeln in Athen. Und kaschieren auf PR-Fotos weiterhin das Versagen der Bundesregierung. Und die Würde Europas versinkt im Mittelmeer.

ROLLENTAUSCH

Ich freue mich, zu Hause zu sein und meine Familie wiederzusehen. Am nächsten Tag ist Training und die Halle gerammelt voll. Ich sehe den Burschen dabei zu, wie sie unbeschwert trainieren, lachen und plaudern. Und denke daran, dass sie alle früher auch im Lager auf Lesbos waren. Jetzt kann ich mir vorstellen, was sie dort mitmachen mussten. Und sehe, was sie aus sich gemacht haben.

Nach dem Training stellen sich alle in zwei Reihen auf. Ich stelle mich vorne hin und mit einer gleichzeitigen Verbeugung verabschieden sich die Schüler vor ihrem Lehrer. Sie bedanken sich damit für alles, was sie gelernt haben. Wie immer.

Diesmal kommt mir das aber komisch vor. Dreißig junge Männer, die es aus dem Krieg über die Elendslager auf Lesbos ganz allein bis nach Österreich geschafft haben. Und jetzt stehen sie mit beiden Beinen im Leben. Und auf den Podesten der Weltmeisterschaft.

Solche Menschen verbeugen sich? Vor mir?

Ich breche ab und lasse sie noch mal aufstellen. Gehe ganz nach hinten und verbeuge mich vor den Burschen. Mit Hochachtung. Und voll Dankbarkeit. Weil mir in diesem Moment klar wird, was die Burschen für mich getan haben. Und wie viel ich von ihnen gelernt habe.

„Zum richtigen Zeitpunkt wirst du den richtigen Lehrer finden", sagt man. Ich habe zum richtigen Zeitpunkt die richtigen Schüler gefunden. Ich habe sie das Kämpfen gelehrt. Damit sie nicht mehr kämpfen müssen. Sie haben mich das Leben gelehrt.

Damit ich nicht mehr leben muss. Damit ich wirklich leben will. Und zwar so, wie ich das will.

Wer hätte mir den Weg besser weisen können? Aus dem ständigen Kampf nach Anerkennung, der verzweifelten Hoffnung auf ein besseres Leben und dem ständigen Gefühl, ein Gefangener der Umstände zu sein. Zur Lebensfreude, Veränderung und zum innersten Selbstwert. Mit dem Mut zu Menschlichkeit, Mitgefühl und in grenzenloser Verbundenheit. Die gemeinsame Reise hat uns verändert.

Verzweifelte Geflüchtete, die alles verloren hatten, sind nun lebensfrohe Angekommene, die sich gut in ihrem neuen Leben zurechtfinden. In Sicherheit. Und in Freiheit.

Ein getriebener Kampfsportlehrer, der verzweifelt nach sich selbst suchte, ist angekommen. Bei sich. Und in Freiheit.

Ich glaube nicht, dass meine Burschen außergewöhnliche Kräfte haben. Sie sind bestimmt auch keine Superhelden und entsprechen so gar nicht der Vorstellung von hartgesottenen Kampfsportlern. Die Jungs sind sehr sensibel, wirken eher zurückhaltend und könnten locker auch als klassische Musiker, Kindergärtner oder Sozialarbeiter durchgehen. Aber ihr Schicksal hat sie auf den Weg gebracht. Und ihr Weg macht sie zu echten Helden. Und Vorbildern.

Was sie ausmacht, ist ihre Verbundenheit. Sie sind mit sich selbst, mit ihren Gefühlen und mit ihren Mitmenschen verbunden. Weil sie sich geliebt fühlen und liebevoll mit sich selbst umgehen, können sie das auch anderen zugestehen. Daraus erwachsen ihr Mut und ihr Mitgefühl. Und aus dem gegeneinander kämpfen wird ein verbindendes miteinander üben.

Um zu überleben, haben sie Grenzen überwunden. Im Loslassen der Vergangenheit und mit zuversichtlichem Blick in die Zukunft haben sie sich geistesgegenwärtig auf den Weg gemacht. In die Veränderung. Und ins Ungewisse.

Um die ständige Unsicherheit zu ertragen, mussten sie sich mit eigenen Barrieren konfrontieren und im Kampf ums nackte

Überleben alles aufgeben. Was übrig blieb, waren sie selbst. Sie mussten niemandem mehr gefallen, konnten sein, wer sie waren und sich ganz zeigen.

Unsere gemeinsame Reise war steinig und beglückend. Sie hat die Burschen bis zu Weltmeistertiteln geführt hat. Und mich bis in die Hölle von Moria.

Es war eine Reise der Akzeptanz, Zweifel, Rückschläge und Anfeindungen. Aber auch eine Reise der Hoffnung und der Erkenntnis, dass vermeintliche Schüler zu wahren Lehren werden, wenn man die Stärke hat, dies zuzulassen.

Dort sind wir angekommen. In der Freiheit, die immer in uns selbst beginnt.

GEBOT
DER STUNDE

Bei sich selbst anzukommen ist aber nur der Anfang. Dann kann es erst so richtig losgehen. Mit allen Ecken und Kanten und im Licht eigener Vollkommenheit. Mit Mut zur Menschlichkeit, der Liebe zum Leben und der kindlichen Neugier auf das, was es noch bringen wird.

Ich bin gespannt, was aus den Burschen noch wird. Was mich noch alles erwartet und welche Abenteuer wir noch gemeinsam erleben werden.

In jedem Fall werde ich das Training um Deutschkurse und psychologische Betreuung erweitern und eigene Einheiten für geflüchtete Frauen starten.

Ich werde wieder nach Lesbos fliegen. Mittlerweile habe ich schon 15.000 Euro gesammelt und werde das Geld wieder persönlich im Lager Kara Tepe übergeben. Außerdem möchte ich einige Nächte im Lager schlafen und die beschwerlichen Tagesabläufe mit meiner Kamera dokumentieren. Vielleicht kann ich damit noch mehr Menschen in Österreich erreichen.

Ich sehe das als meine Verantwortung. Ich habe ein schönes Leben, konnte meine Träume verwirklichen und weiß, dass ich mit meinem Handwerk helfen kann. Das erfüllt mich mit Dankbarkeit und gibt meinem Tun einen Sinn.

Ich weiß natürlich auch, dass ich nur ein kleiner Tropfen bin, aber es gibt immer mehr Menschen, die sich engagieren. Und aus vielen kleinen Tropfen kann sich irgendwann ein ganzer Ozean erheben. Wir sind an einem Punkt angelangt, wo es keine Rolle mehr spielen darf, welcher Partei man sich zugehörig fühlt, wie man zu Fremden steht und welche Meinung man vertritt. Mitten in Europa leben Menschen unter schrecklichsten Bedingungen. Und jeder, der sich noch einen Funken an Anstand und Würde bewahrt hat, muss jetzt hinsehen, aufstehen und der Schande entschlossen entgegen gehen.

Rassismus und Ignoranz von menschlichem Leid sind keine Meinungen. Rassismus ist ein Verbrechen. Genau wie die unterlassene Hilfeleistung für Geflüchtete auf Lesbos und der Balkanroute.

Wenn nur noch einige Politiker der Aufnahme entgegenstehen und dadurch das Sterben in den Flüchtlingslagern von Lesbos und auf der Balkanroute verantworten, dann wird Handeln zum Gebot und Widerstand zur Pflicht.

Das sind wir den Menschen dort, aber auch uns selbst schuldig. Geflüchtete sind vielleicht nur der Anfang. Die politische Willkür kann sich bald schon gegen andere Gruppen richten, die den Zielen machtgieriger Kleingeister im Weg stehen. Dann sind die Andersdenkenden dran. Dann sind wir dran.

Soweit dürfen wir es nicht kommen lassen. Die Hoffnung lebt zuerst.

Als ich diese Zeilen schreibe, herrscht auf Lesbos gerade tiefster Winter. Die Zelte sind völlig überschwemmt und gehen im Dreck unter. Die Menschen sind sich selbst überlassen und schlafen am Boden. Männer, Frauen und Kinder frieren, hungern und sterben. Mitten in Europa.

Nur zwei Autostunden von Wien entfernt spielen sich ebenfalls menschliche Dramen ab. Tausende Menschen stehen an der bosnisch-kroatischen Grenze. Sie werden von Polizisten misshandelt und in notdürftige Unterkünfte gesperrt. Ohne Essen, Strom und warmes Wasser. Gerade ist wieder ein Lager in Bosnien abgebrannt. Die Menschen leben im Wald – bei Regen, Schnee und Temperaturen weit unter dem Gefrierpunkt.

Ismails Familie ist auch dort. Sie haben es von Serbien bis zur kroatischen Grenze geschafft, eine Woche im Wald geschlafen und sind schließlich in ein bosnisches Lager gebracht worden.

Ich hoffe auf den Moment, wenn ich Ismails Vater seinen Ring zurückgebe. Im Hotel Sacher, bei Torte und Kaffee. Und Omar, Parissa, ihre beiden kleinen Geschwister und ihre Mutter wiedersehen kann, die mich in ihrem Zelt in Moria so warmherzig empfangen haben.

Arsalan, der wunderbare Übersetzer, wird nicht dabei sein. Sein geschwächtes Herz konnte den kalten Nächten im Wald und der Gewalt von Grenzpolizisten nicht mehr standhalten.

Arsalan ist tot. Der junge Mann starb am 2. Dezember 2020 im Alter von 20 Jahren an der bosnisch-kroatischen Grenze.

www.kremayr-scheriau.at

ISBN 978-3-218-01277-5

Schutzumschlaggestaltung: Christine Fischer,
unter Verwendung von Fotos von Lukas Beck
Typografische Gestaltung und Satz: Danica Schlosser
Lektorat: Stefanie Jaksch

Bildnachweis: S. I unten, S. II, III und VIII Lukas Beck;
alle anderen Fotos Ronny Kokert

Druck und Bindung: GGP Media GmbH, Pößneck